珍藏本
纪念版

汉译世界学术名著丛书

论原因、本原与太一

〔意〕布鲁诺 著

汤侠声 译

2017年·北京

ДЖОРДАНО БРУНО
О ПРИЧИНЕ, НАЧАЛЕ И ЕДИНОМ
本书译文据
苏联敦尼克(**М. А. Дынник**)译自意大利文的
《布鲁诺对话集》转译
(**Джордано Бруно, ДИАЛОГИ, перевод с итальянского**)
苏联国家政治书籍出版社,1949 年,莫斯科

乔尔丹诺·布鲁诺

雕塑像，立于罗马花卉广场
雕刻家费拉里(Ettore Ferrari)作

汉译世界学术名著丛书
（120年纪念版·珍藏本）
出 版 说 明

2017年2月11日，商务印书馆迎来120岁的生日。120年前，商务印书馆前贤怀揣文化救国的理想，抱持“昌明教育，开启民智”的使命，立足本土，放眼寰宇，以出版为津梁，沟通中西，为中国、为世界提供最富智慧的思想文化成果。无论世事白云苍狗，潮流左右激荡，甚至战火硝烟弥漫，始终践行学术报国之志，无改初心。

迻译世界各国学术名著，即其一端。早在20世纪初年便出版《原富》《天演论》等影响至今的代表性著作，1950年代后更致力于外国哲学和社会科学经典的译介，及至1980年代，辑为“汉译世界学术名著丛书”，汇涓为流，蔚为大观。丛书自1981年开始出版，历时三十余年，迄今已推出七百种，是我国现代出版史上规模最大、最为重要的学术翻译工程。

丛书所选之书，立场观点不囿于一派，学科领域不限于一门，皆为文明开启以来，各时代、各国家、各民族的思想与文化精粹，代表着人类已经到达过的精神境界。丛书系统译介世界学术经典，引领时代思想，为本土原创学术的发展提供丰富的文化滋养，为推动中国现代学术和现代化进程做出了突出的贡献。

为纪念商务印书馆成立 120 周年，我们整体推出“汉译世界学术名著丛书”120 年纪念版的珍藏本，寄望既利于文化积累，又便于研读查考，同时向长期支持丛书出版的译者、编者和读者致以敬意。

两甲子后的今天，商务印书馆又站在了一个新的历史时间节点上。我们不仅要铭记先辈的身影和足迹，更须让我们的步伐充满新的时代精神。这是商务人代代相传的事业，更是与国家和民族的命运始终紧密相连的事业。我们责无旁贷，必须做好我们这代人的传承与创造，让我们的努力和成果不仅凝聚成民族文化的记忆，还能成为后来人可以接续的事业。唯此，才能不负前贤，无愧来者。

商务印书馆编辑部

2017 年 10 月

译　序

乔尔丹诺·布鲁诺(1548—1600)是杰出的意大利哲学家,他积极宣传无神论思想,热情捍卫唯物主义世界观,是坚决反对经院哲学和罗马天主教会的英勇战士,是需要巨人的时代产生的巨人。

布鲁诺从20多岁起,便因独立思考、不盲从圣经神话而被斥为异端分子,到处流浪。1600年2月17日被罗马教会焚毙。《论原因、本原与太一》是他的主要哲学著作,从19世纪初到20世纪中叶先后被译成德、英、法、俄、西、匈等多种文本。

该书共有五篇对话。第一篇是为《灰堆上的华宴》一书作辩护的。

第二篇对话着重论证"世界灵魂"。他认为世界灵魂是形式本原,是万物的真正作用因,它充满一切、照耀宇宙、指导自然产生万物。但他同时又说:物质与形式"都是最最永恒的本原",形式是"内在于物质"、并"被物质所规定、所限制"的。可见,他的哲学是裹着泛神论外衣的唯物主义。

第三篇对话着重考察形式实体与物质实体。作者认为:"一切自然形式都源起于物质,并又回归于物质","形式离开物质,便没有存在",只有物质是"永恒的、常驻的、持久不易的、配称作本原的","物质是依然故我,是结实生果的东西,应该优先地被当作实体性本原来认识”。在第一绝对本原(即太一)中,一切差异、一切对立都消失了。这种关于精神实体和有形实体归于一个根源的唯物主义学说,是后来斯宾诺莎关于唯一实体的学说的先声。

第四篇对话讲有形体东西的物质和无形体东西的物质。作者认为,不仅具有具体形式的事物是物质的,而且作为太一的第一本原也是物质的。物质应该称作神物和最优秀的生产者,应该称作自然万物以及全部实体自然界的生育者和母亲。他甚至认为:上帝,即“最高的静观”,“对于不相信他的人来说,是不可能,是无”。

第五篇对话对太一作了详细的论证。他认为:一、宇宙是统一的、无限的、永恒的;无数世界仅只在宇宙中运动。二、对立面一致原则。他证明:无论是直线与曲线、弦与弧,还是冷与热、爱与恨,等等,所有这些对立面都吻合于一。他认为这个原则是认识自然的最大诀窍。

布鲁诺的唯物主义无神论哲学,是从古代素朴唯物主义向17—18世纪形而上学唯物主义的过渡形式,它是封建关系瓦解、新的资本主义生产关系萌芽的历史过程的理论反映。布鲁诺在反对宗教、反对神学世界观、确立新的唯物主义世界观方面建树了伟大功绩。在人类思想史上,他是为真理而献身的伟大战士。

目　录

献　　给 165

最尊贵的

莫维树、康克雷萨尔特和让维尔的领主

笃信基督之王的功勋骑士

御前枢密会议参赞

五十名甲士管带

派驻英吉利女皇陛下的使臣

米舍尔·德·卡斯台尔诺大人[1]

最尊贵的、盖世无双的骑士：

您对我恩上加恩、惠上加惠，您的慷慨大度、坚韧不拔和殷殷关切，使得我感激涕零、五体投地、结草难报，您总是排除一切困难，摆脱各种危险，使您的一切最受人尊敬的意愿得到实现。当我从观察到赞叹您的这些高贵品质时，我开始理解到：您那威武的盔

---

① Микель Ди Кастельново（法文读作 Мишель Де Кастельно）——16 世纪法国外交家、军人和国务活动家。曾将彼得·拉莫斯用拉丁文写的《古代高卢人的风尚》一书译成法文，死后遗有回忆录。1575 年被任命为驻英国大使。布鲁诺大概是作为秘书一度住在他家中，这段时间：自 1583 年夏至 1585 年 10 月，也许是他一生中最幸福的日子。布鲁诺用意大利文写的《灰堆上的华宴》、《论原因、本原与太一》、《论无限、宇宙和众世界》和一部用拉丁文写的著作，就是献给他的。

甲上的高雅的华饰，对于您是多么的相称，从那里仿佛有一股清澈的泉水倒挂，是那么温柔纤细，但却柔中有刚，它不断地、经常地在那滴呀滴呀，它的坚毅顽强使它能把那最致密、最坚硬、最结实、最粗糙的顽石变软、削薄、穿透、磨光、研成粉末。

另方面，您，感谢神的旨意，感谢那崇高的上帝和命运的安排，您是我全能的、强有力的保护者（至于您在其他方面的英勇义举，那就更不用说了），使我能够摆脱我经常遭受的各种不公正的攻击；在那种情况下，要想不放下武器、不灰心失望，要想不被那罪恶谎言的激流所制胜，真得具有真正的英勇奋战的精神；那些无知之
166 徒的嫉妒、诡辩派的成见、心怀恶意者的诽谤、奴仆们的流言蜚语、势利小人的中伤、喽啰们的仇视、糊涂人的猜疑、饶舌者的困惑、伪君子的甜言蜜语、蛮暴之徒的痛恨、庸庸小民的狂怒、名流的愤慨、屈服者的抱怨、受惩治者的哀号，正是利用罪恶的谎言、穷凶极恶地向我展开进攻的；在那种情况下，所差的只剩粗野的、愚蠢的、阴险的女人的盛怒了，女人的虚假的眼泪，往往比任何成见、嫉妒、中伤、流言蜚语、叛卖、愤怒、愤恨、癫狂等的惊涛险浪和狂风暴雨都更为有力；——每当我记起这一切情景的时候，我便看到那个昂然屹立的、坚定不移的、常年如一的礁岩，尽管波浪滔天，它总能再度出现，在那沸腾的海面上露出它的巅峰，无论是苍天的暴怒，无论是恶劣天气的肆虐，无论是惊涛险浪的疯狂冲击，无论是大气中怒号的风暴，无论是狂风之神的粗重的喘息，都丝毫不能使它移步、动摇、震撼，相反地，它倒是更加坚定、稳固，更加昂然不渝了。您禀赋双重的美德，由于这一点，那汩汩不息的纤柔的源流具有无穷的力量，狂风骇浪在您面前徒逞凶险。顽石在那滴泉之下索然低

头，您就是那坚韧不拔的礁岩，在汹涌的浪潮中倔然耸立。您同时也是平安宁静的港湾，保护着真正的缪斯们[1]，您也是招致灭亡的峭壁，把一切谎言的炮弹和向他们进攻的战船都撞得粉碎。

至于我，任何人任何时候都不能指责我忘恩负义，任何人都不能责怪我粗俗无礼，任何秉公而断的人都不至于说我的坏话。蠢货们所憎恨的、卑鄙小人所蔑视的、下三滥所辱骂的、油头滑脑的家伙们所指责的、野兽般的劣种叛徒所出卖所追踪的我，是贤明的人们所爱戴的，学者们钦佩我，高贵的官宦颂扬我，明达的权贵尊敬我，神明们处处庇佑我。由于这种伟大的庇佑，我得到您的掩护，得到您的豢养，得到您的保卫，得到您的解救，您把我安置在安全之地，使我停泊在宁静的港湾里，把我从凶险的、致人死命的风暴中解救出来。

现在，我将这锚、这些缆索、这些被扯碎的帆以及这些对于我说最为珍重的和对于未来世界来说至为宝贵的物品，敬献在您的面前。希望在您的庇护之下，它们不至在罪恶的、动荡不安的、对我切齿痛恨的海洋中遭到湮没的命运。它们将凭借神圣的光荣之庙宇，向时代的无知、无耻、贪婪、蛮横展开有力的抗击，并将永世作为您的所向无敌的庇护的见证人，好让全世界都知道：为崇高的智慧所感召、为从容不迫的情感所孕育、为诺拉的缪斯所诞生的、高尚而神圣的才杰之子，由于您，没有在襁褓之中被人扼死，他不仅没死，而且还希望活到那样的时候，那时，大地将转动着它那生气勃勃的表面，与熠熠发光的众星辰交相辉映，蔚为壮观。

① Музы——希腊神话中司文艺美术之女神，计有九名。——译者

诺拉人乔尔丹诺寄语
宇宙万象的本原

4

太阳啊！你还在黄泉汇集的冥海中流连，
高升吧，请扶摇直上那众星拱极的九天！
健行不息的列宿啊！你只消把正路指点，
就可以看见我与你们肩并肩勇往直前。
我涉长空履云气翩然步入缥缈的梦境，
是你们的恩典教圣域为我卷起了珠帘。
无始无终的时间，你把真理埋藏在深渊，
我如今要叫它出幽谷升乔木炳耀人间！
瞻前顾后的心灵啊！你为什么逡巡不前？
难道是这件大事还没到瓜熟蒂落之年？
尽管那一重重荫翳紧紧地包裹着尘寰，
我们的圣山啊，你却在光明中澡沐峰峦！

给自己的心

山岳啊！你虽然托足于黄壤，
却高峰挺拔岸然直干银汉。
心灵啊！你洞观万物的极限，
又怎能不向帝乡引领顾盼？
当仁不让，决不可匍匐尘寰，
听黄泉卷入幽冥，徒然嗟叹！
且远翥高飞把大自然细看，
在上帝的抚摸下化为烈焰！

给 时 间

你这老人啊！既缓又急，掩而复彰，
究竟说你是恶还是善？难定主张！
你慷慨又吝啬，给了又亲手索还，
自己生出来的，你又教它把命丧。
你苦心培育的结晶，转眼弃道旁；
你视同拱璧的宠儿，膏之于饥肠！
既然你创造一切又破坏了一切，
说你既不善也不恶岂不是荒唐？
当你高举起残酷的皮鞭的关头，
一转念你又放下了行凶的臂膀；
在黑漆一团看不见迹象的地方，
才能说你是既不邪恶也不善良！

颂 爱 情 170

爱情啊！凭着你我才把真理认清。
穿过了一重重坚如钻石的关隘，
那睿智从双眸透进了我的心灵，
它为鉴照而诞生成长，永作明灯。

任凭是天堂、人世与地狱的隐情，
全都被描个一清二楚，绘影绘声。
它能使敌人败北，也能叩人心灵，
教一切深锁沉埋者都立见光明。

世人啊！对真理自应当恭敬屏营，
且洗耳把我的金玉良言来倾听，
尽量地睁大你昏花眩翳的双睛！

你自己无知，才说爱情幼稚天真，
你自己善变，才诋毁它翻脸无情，
你自己短见，才咒骂它瞎了眼睛！

7

171 从原因、本原和永恒的太一之精，
化生出万物的存在、生命和运行，
展现了有长宽高的万物和众生，
以及那天堂、人世和地狱的内情。

我依傍着官能、理性和心智判明：
虚幻者才没有运动、数量和权衡；
原来是永恒的活力、数目和轻重，
宰制着天上、地下和世间的众生。

我根本就不怕迷惘、仓皇和困境，
更无论胆怯、嫉妒和粗暴的横行，
纵加上轻薄和狂妄也终究无灵！

这岂能使我头晕目眩不见本真，
岂能凭帷幕花招掩盖我的眼睛，
岂能在太阳前面遮断它的光明！

第一篇对话[1] 172

对话人

艾里特洛标，斐洛泰奥，阿尔麦索

艾：就像习惯于黑暗的囚犯从牢狱的阴暗角落走到阳光里那样，许多习惯于庸俗哲学的人们，由于受不住你那像太阳一般明亮的新颖概念，因而感到恐惧、惊讶和局促不安。

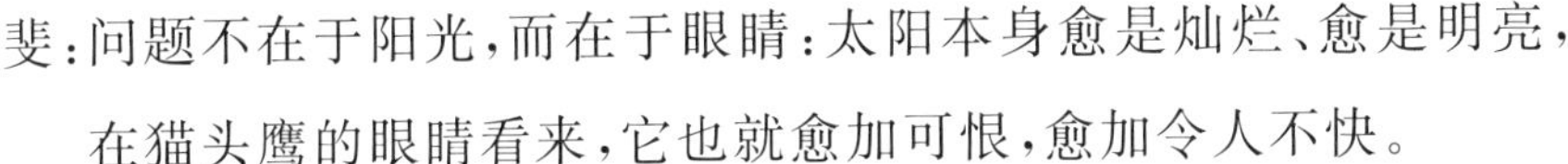

斐：问题不在于阳光，而在于眼睛：太阳本身愈是灿烂、愈是明亮，在猫头鹰的眼睛看来，它也就愈加可恨，愈加令人不快。

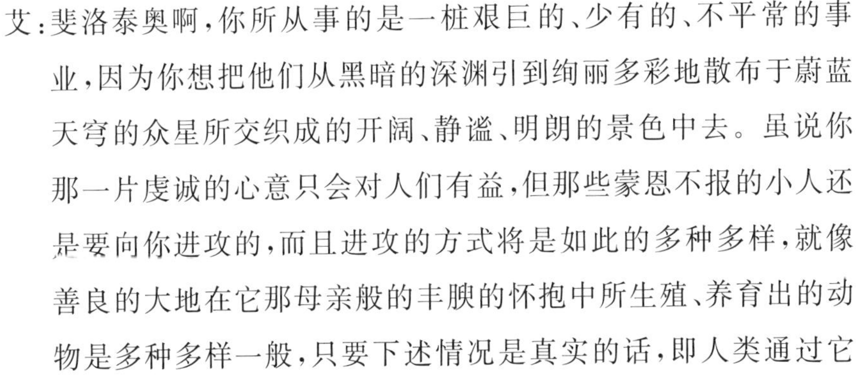

艾：斐洛泰奥啊，你所从事的是一桩艰巨的、少有的、不平常的事业，因为你想把他们从黑暗的深渊引到绚丽多彩地散布于蔚蓝天穹的众星所交织成的开阔、静谧、明朗的景色中去。虽说你那一片虔诚的心意只会对人们有益，但那些蒙恩不报的小人还是要向你进攻的，而且进攻的方式将是如此的多种多样，就像善良的大地在它那母亲般的丰腴的怀抱中所生殖、养育出的动物是多种多样一般，只要下述情况是真实的话，即人类通过它 173

---

① 第一篇对话跟论述原因、本原与太一的后四篇对话的内容，没有直接联系。第一篇对话是在写了后四篇主要对话之后才写的，它是为《灰堆上的华宴》一书作辩护。斐洛泰奥和泰奥非的名字，跟在其他的对话集中一样，作者是用来表示自己的。艾里特洛标（《转向太阳》）是布鲁诺的追随者。

的每一个体特地显示出一切其他种类的多样性，俾使整体的东西在人类的每一个体上比在其他种的个体上表现得更为明显。正因为如此，所以，有些人，就像个目光微弱的田鼠，只要一闻到新鲜的气息，便扒开泥土急忙钻回大自然给它指定的黑洞洞的洞穴里去。另些人则像惯于过夜生活的飞鸟，只要一看到从明亮的东方升起玫瑰色的太阳使者，由于眼力微弱，便急忙隐藏在自己的昏黑的避难所里。凡是不敢跟天体照面的、命中注定要把冥王普卢托①的牢狱、山洞、地穴作为栖身之地的、听从阿列克托②的可怕的复仇的召唤的一切生物，都张开翅膀，迅速飞回自己的住所。而那些生来就是为了要看见太阳的一切生物，为了可诅咒的黑夜的告终而欢喜若狂，他们感谢苍天的恩遇，并准备好用自己的眼球水晶体的中心来迎接那强烈渴望的、长久期待的阳光，用心脏、用欢呼、用双手向东方遥拜。当美妙的泰坦③从金色灿烂的东方驱散了它的火焰驹，打破了阴湿之夜的制造梦幻的寂静之后，人们便开始理性地谈话了，纯洁无辜的、无力自卫的羊群，像一片皑皑白雪，开始咩咩作鸣，牛群在粗鲁农夫的照管之下开始哞哞地叫唤起来。赛利那斯的驴子大声嘶叫，想再次吓跑愚蠢的巨人，以保护处于窘境的众神④；肥笨的猪猡在它们肮脏的床铺上翻转身子，发出令人

① плутон——古代希腊神话中阴曹之神。——译者

② Алекто（希腊文即雄鸡的意思）——是太阳上升的报信者。——译者

③ Титан——希腊神话中与天神斗争的巨人。——译者

④ 这里布鲁诺指的是这样一个神话：朱比特向巨人宣战后，召集了众神会议。巴考士，即酿酒之神，及其伴随者赛利那斯，是骑驴子来的，驴子看见巨人，吓得远远就大声嘶叫起来，结果却把巨人们给吓跑了，这样使众神得到了胜利。

厌烦的哼哧声，震耳欲聋。老虎、狮子、熊、狼和狡猾的狐狸，从它们的洞穴里探出头来，从荒无人迹的高处眺望着平坦广阔的猎场，从它们粗野的嗓子里发出凶猛的吼叫，呼嗥和狂吠。在空中和在茂密的叶簇之下，火鸡、鹰、孔雀、鹤、斑鸠、掠鸟、麻雀、夜莺、寒鸦、喜鹊、乌鸦、布谷鸟和蝉，都毫不迟延地相互对答起来，发出加倍喧嚣的叽叽喳喳的声音。白色的天鹅、羽毛花哨的水凫、奔忙的潜鸟、池沼上的小水鸭、嘎嘎的鹅群、诉怨似的咯哇咯哇叫的青蛙，也都从涟漪起伏的水面发出聒耳的嘈 174
杂之声。所以，当炽热的阳光在我们这个得天独厚的半球上空沵散开来的时候，同时也将有许许多多纷繁杂沓的声音——就像发出这些声音的动物那样繁杂众多——向它发出狂欢的、甚至是使人厌烦的祝贺。

斐：每个生物发出自己的声音——这不仅是平常的事，而且也是自然而必然的事。要想动物像人那样，发出音节分明、重音正确的声音，是不可能的，因为人与动物的身体结构是相反的，口味是各不相同的，食物也是不一样的。

阿：请允许我也从自己的角度说几句，我想要谈的，不是阳光的问题，而是这么一些情况，它们使那些能看能瞧的人的外部感官愉快的程度，不如使他们内心不安的程度更大。对于您，我

译者按：

巴考士（Вакх）——古罗马人的丰产和酿酒之神，相当于希腊的狄奥尼斯（司酒之神）。

赛利那斯（Силен）——古希腊神话中善作预言之神，是狄奥尼斯的教导者和伴随者，在绘画中，它是一位喝得微醉的、秃顶的、善良的老人，总是骑着驴子手里拿着酒囊。在后来的神话中，这个赛利那斯演变为好几个赛利那斯。

怀着兄弟般的情谊，祝您安谧，愿您平安无恙；为了您的宁静和安谧，我不希望看到您的这些谈话会被编成喜剧、悲剧、哀歌或者像您不久前公诸于世的那种对话；那本对话，由于您把它公诸于世，结果却使您不得不闭户独居、隐蔽起来。

斐：请您直说吧。

阿：我就要说的，不过不是作为一个神圣的预言者，不是作为一个远离现实的观察者，不是作为一个启示天国秘密的魔术师，也不是作为天使借以显灵说话的巴兰的驴子[①]；我就要议论的，不过不是作为受巴考士所鼓舞的人，不是作为充满了巴那萨斯的浪荡缪斯的淫风的人[②]，不是作为被非巴斯[③]弄得怀孕了的西培拉[④]，不是作为有预言能力的卡桑德拉[⑤]，不是作为从头到脚充满了阿波罗[⑥]灵感的人，不是作为因神的宣谕或因特尔斐[⑦]的三脚供桌而恍然大悟的先知者，不是作为把斯芬克斯[⑧]的阴谋诡计予以揭穿的埃提巴斯[⑨]，不是作为解破了示巴女王

① Валаамская ослица——巴兰的驴子忽吐人言，意指哑巴被挤兑得也说了话，此典故源出于圣经民数记，第22章。——译者

② Парнас——古希腊中部之山名；相传为缪斯女神居住之地。——译者

③ Фебом——希腊神话中司日轮之神，为阿波罗之别名。——译者

④ Сибилла——女巫。——译者

⑤ Кассандра——希腊史诗中特洛亚国王普里安的女儿，阿波罗看中了她，授她以预言的才能；但她拒绝了阿波罗的爱情，因此阿波罗对她施以处罚，使她的预言永远无人相信。——译者

⑥ Аполлон——古希腊最受尊敬的神之一，视为太阳和光明之神，农业、文艺、美术的保护者。——译者

⑦ Дельфий——希腊之城名，阿波罗的神殿所在处。——译者

⑧ Сфинкс——希腊神话中狮身或狗身女首女胸的有翼怪物。——译者

⑨ Эдип——希腊神话中底比斯之王。——译者

的各种难解谜语的所罗门王[①]，不是作为奥林比亚会议的阐释者克尔克[②]，不是作为充满灵感的麦林[③]，也不是作为从特洛丰尼奥斯的岩洞中走出来的人[④]，我将以日常的一般的方式来说 175
话，作为这样的人说话，他的心意完全不是要绞尽大脑小脑的脑汁直到 dura 和 pia mater（硬的和软的脑膜）连点渣滓都不剩的时候；作为这样的人说话，他除了自己的脑子外，没有别的脑子，他那脑子，甚至连奥林匹斯山上最末微的、作为天国奴仆的神仙们都不屑于赏识（我说的是那样一些神仙们，他们吃的不是佳肴美味，喝的不是琼浆玉液，而是用残酒剩饭来解渴充饥，如果他们不能满足于水和幼虫的话；我指的是那样一些神仙，通常他们对于我们更接近、更亲切些，更爱说话一些），譬如，神仙巴考士，或骑驴的醉老头子赛利那斯、潘、非尔土穆纳斯、福纳士、普赖埃巴斯[⑤]，他们所惠予我的，不过是他们通常让自己的马匹所知道的一些东西。

---

① “示巴女王听见所罗门因耶和华之名所得的名声，就来要用难解的话，试问所罗门。……所罗门王将他所问的都答上了，没有一句不明白、不能答的。”引文见《旧约全书》，《列王纪上》，第 10 章，第 1—3 节。——译者

② Калхас —又名 Калхант（克尔汉特），古希腊史诗中的预言家和祭司，曾随希腊人向特洛伊进军。——译者

③ Мерлин——中古稗史中一位有名的预言家及幻术家。——译者

④ Трофоний——阿波罗在特尔斐的神殿的建造者，死后被尊为英雄，他在一个大山洞中有一个神宣所。波桑尼阿斯曾描述：他在斋戒之后，如何被一股看不见的力量引到这个岩洞里去，并详述了他在洞中所看到的一切。——译者

⑤ Пан——森林四野之神，其状令人不寒而栗。——译者

Вертумн —变化、四季之神。——译者

Фавн——森林之神。——译者

Приап——巴考士之子，生殖之神。——译者

艾:这个开场白太长了。

阿:请忍耐,——结语将是很短的。简短地说,我将使您有机会听到不需要解释的话,它们仿佛经过蒸馏,在蒸馏瓶中蒸过、在煮锅中煮过、按照一定方法升华出来的精华一样;但这将是我的奶妈灌输到我头脑中去的话,说到我那奶妈,她可真是肥胖,厚厚的皮肤,高耸的乳房,滚圆的肚子,陡直的胯股,宽大的屁股,简直像我在韦斯敏斯特[①]看见的一位伦敦女人:她的一双乳房温暖着她的肚子,那双乳房大得好像是巨人圣斯巴拉哥里的一双靴子,如果把它们加工制成皮革,也许就能做成两只菲拉拉[②]的囊笙[③]了。

艾:到此你的开场白该结束了吧。

阿:此外,在最后我想请您(撇开您那哲学的辉煌光彩所引起的各种声音和啼鸣),来解释一下,您究竟希望我们用什么样的声音来祝贺那一抹从《灰堆上的华宴》一书中放射出来的学说之光?读《灰堆上的华宴》的,是些什么动物?我是问:它们是水里的还是空中的,是地球上的还是月亮上的?斯密特、普鲁金齐、弗鲁拉[④]的建议我们且不管它,我想知道的是:人家说你的声音像只疯狂的暴怒的狗,这话错没有呢?此外,由于你那书里掺

① Westminster——伦敦市之一部分。——译者

② Феррара——意大利的城市,菲拉拉省的行政中心。——译者

③ Волынка——民间吹奏乐器。有两个或者更多的管子插入一个皮囊内(囊由皮或膀胱做成),一根管子专用来吹胀皮囊;一根管子用来弹奏曲调,其他管子不断地发出声音。——译者

④ Смит, Пруденций, Фрулла——参看《灰堆上的华宴》。普鲁金齐相当于本书中的波里尼,弗鲁拉相当于格瓦西。——译者

和了各种各样的语句：繁难的和严肃的、道德的和物理的、下流的和高尚的、哲学的和诙谐的，故而人家又说你时而像猴子，时而像狼，时而像喜鹊，时而像鹦鹉，时而像这种动物，时而像那种动物；我很想知道，这些人究竟错没有呢？

斐：不要惊奇，老兄，因为那无非是一次会餐，在那里，由各种滋味和气味、饮料和食品的作用所引起的感觉，开始支配着人的头脑。物质的和有形的宴会是个什么样，言语的和精神的宴会也恰是什么样。所以，这个对话式的宴会也具有自己的各种不同的、多种多样的组成部分，就像那物质的宴会具有自己的各种不同的、多种多样的组成部分一样；同样，前者还具有特殊的条件、境况和手段，恰如后者具有自己的条件、境况和手段那样。

阿：请您帮助我弄弄清楚吧。

斐：在那里，像惯常的和应有的情形那样，通常有一般的食品和冷 15
盘，有水果和家常饭菜，有厨房做的，也有药房小灶做的，有供健康人吃的，也有供病人吃的，有凉菜和热菜，有生菜和熟菜，有海味和山珍，有野味和家禽，有炒的也有烩的，有熟透了的，也有含青未熟的，有的只是为了营养，有的则是为满足口味，有味道浓厚的，也有色调淡薄的，有咸的，有淡的，有粗糙的，也有精致的，有苦的也有甜的！同样，这里的饭和菜也是按照一定的顺序上的，有着各种各样的和味道截然相反的盘碗，适合着参加我们这个象征性宴会的人们的各种不同的和截然相反的胃口，好让任何人都不能抱怨说徒然出席了这次宴会，谁要是不喜欢这样做，那就请他参加别的什么宴会好了。

阿：对。但是，如果在您的宴会上、在您的晚餐席上除此之外还出现了这样的东西，它们既不适于做冷盘，又不适于做其他食品，既不适于做水果，又不适于做通常饭菜，既不适于做冷的，又不适于做热的，既不适于做生菜，又不适于做熟菜，既不能满足口味，又不能解渴充饥，既不适于健康人，又不适于病人，看样子既不是出自厨师之手，又不是药房人员调制，那您该如何解释呢？

斐：你将会看到，就是从这方面看，我们的宴会也跟任何别的宴会没有什么不同。比如，在最富丽堂皇的宴会上，也许会有一块菜由于太热而烫了你，于是你不得不把它重又吐出口外，或者把你烫得两眼泪花，在你的舌头上贴着上颚翻来滚去，直到你的喉头用力把它吞下去为止；也许你的某一个牙齿疼起来；也许你在吃面包时，会一不小心咬痛了自己的舌头；也许一块小石子硌坏了你的牙，塞在牙缝里，使你咧着大嘴抽气；也许一块什么皮或厨师的一根头发贴在你的上颚上，弄得你发呕；也许一根鱼刺卡在你的喉咙里，使你轻轻地咳起来；也许一根小骨头卡住你的喉头，使你喘气都没有办法；——同样地，在我们的宴会上情形也是如此，由于我们所共有的不便，在我们的宴会上也有与此相当的、类似的东西。这一切都是由于我们的原始祖先亚当的罪过，由于这种罪过，步入歧途的人类本性被判给这样的惩罚：当享有愉快的东西时总有不愉快的东西相偕而来。

阿：虔敬而笃诚！但是人家说你是个发狂的犬儒，你怎样回答呢？

178 斐：我可以很轻松地同意这一点，如果不是全部地、那也是部分地同意。

阿：但是，您是否知道：受人侮辱是不像予人侮辱那样值得谴责的？

斐：我的侮辱可以叫做报复，而别人的侮辱则是进攻，对于我说，这就够了。

阿：甚至神仙也会蒙受侮辱、挨人谩骂、遭受诽谤的，不过，侮辱、谩骂、诽谤是那些粗野的、下流的、卑鄙的、罪恶的人们才干得出来的。

斐：这是正确的。不过，我们并不是要侮辱谁，而是要努力做到：在备受侮辱之余不再受到更多的侮辱；并且对那些与其说是针对我们、毋宁说是针对被蔑视的哲学而来的种种侮辱，予以反击。

阿：所以，您想表现得像个咬人的恶狗似的，好让人家不敢惹您。

斐：对，是这样。因为我非常渴望安静，而且我是不高兴受人侮辱的。

阿：唔。但是人家认为，您的作为未免有点太绝了。

17

斐：那是为了不让他们卷土重来，也让别人取得教训——不要向我、向旁人寻衅，而要用类似的中词推出这些结论。

阿：侮辱是私下干的，报复可是当众进行的。

斐：但报复并不因此就变成不公正的了，因为有许多错误，当众受到公正的惩罚，但都是私下里干出来的。

阿：不过，这样一来，您就损坏了自己的名誉，使自己成为比他们更应受谴责的人物了，因为他们将公开地宣扬，说您太无容人之度，说您想入非非、离奇古怪、轻举妄动。

斐：我不在乎这些。只要他们或别的人不再纠缠我，也就行了。否则我要用讥诮者的棍子叫他们让我安安静静地从事我自己的事情；如果他们不想向我表示友好，那至少也得节制一下他们对我的不礼貌行为。

阿:您是否觉得,采取报复的手段不是哲学家所应做的?

斐:如果那些把我吵得不能安静的人是克姗娣朴[1]的话,那我便是苏格拉底。

阿:难道说你不知道么,所有的人都应该宽宏大量,克己容人,这样,他们才能像神仙和英雄一样,据一些人说,神仙和英雄是要等到以后才报复的,另一些人则说,他们根本不报复,也不发怒。

斐:如果你以为我在报复,那你就错了。

阿:怎么?

斐:我是在纠正;由于这样做,我们也像神仙那样了。你知道,朱比特曾叫可怜的武尔坎[2]在节日也要不停地干活;他的不幸的铁砧接连不断地受到无数次的狂怒的锤击,当一个锤子还没举起的时候,另一个锤子又落了下去,以便能够发出足够的正义的闪光,来惩罚犯罪的人们。

阿:您和朱比特的铁匠——塞浦路斯女神的配偶是不同的。

斐:我并没有全部放开愤懑的马勒,并没有使出最大的力量用马刺来激发暴怒,因此,就我在这件事情上所表现出来的容忍与大度来说,也许我是像武尔坎的,不过这已经够了。

阿:并不是每一个人都堪当风尚的纠正者的,特别是众多人们的风尚。

---

① Ксантиппа——苏格拉底的爱吵嘴的妻子。——译者

② Вулкан——来自罗马神话;是专门为宙斯制造武器的火神。——译者

斐：这里你应该再添上一句：特别是当众多的人们没有触动它的时候。

阿：据说是不应该干涉他国事务的。

斐：而我要说这么两点：第一，不应该杀害这样的外国医生，他想采 180
取本地医生不用的医疗方法治病；第二，对于真正的哲学家来说，任何国家都是他的祖国。

阿：可是，如果他们既不承认您是哲学家，又不承认您是医生，也不承认您是同胞呢？

斐：这还不等于我不是哲学家、医生和其同胞。

阿：您这话谁相信呢？

斐：打发我到这里来的众神，坐在这里的我，还有那些长着眼睛能够看到我在这里的人。

阿：您的见证人为数太少、也太无声名了。

斐：真正的医生是为数极少、声名不大的，但几乎所有的人都是真正有病的。我是想说：他们没有权利采取这样的手段来对待那些给他们带来诺大好处的人们，不管他们是不是外国人。

阿：承认这些好处的人是不多的。

斐：难道说珍珠会因此而贬值吗？难道说我们不应该用尽力量来保护它、并叫人保护它、搭救它、捍卫它、珍藏它，使它免遭猪猡的践踏吗？那高高在上者是如此地垂青于我，我的阿尔麦索，我进行这种报复，从来不是出自龌龊的爱面子思想，或出自卑鄙的个人考虑，而只是出自对我亲爱的哲学母亲的钟爱，出自由于别人侮辱了她的尊严而激起的一片热忱。她的撒谎成性的亲族和子女们（因为，没有一个卑鄙的学究、没有一个夸夸其谈的懒汉、没有一个愚蠢的荒淫之徒、没有一个不学无术的骗子不想跟她攀亲叙旧的，他们或者摆出自己的书籍，或者留起长长的胡须，或者用其他的方法来炫示自己的重要），把她玷污到这种地步，**哲学家**一词在人民眼里简直就是骗子、无赖、书呆
181 子、滑头、小丑、巫师，只适于供人坐在家里消愁遣闷，和在田野里吓唬小鸟。

艾：说真的，大多数人对哲学家的尊重还不如对神甫们的尊重呢，因为，后者虽说出身最为贫贱，但毕竟还没有把僧侣界弄到如此受人鄙视的地步，而那些可以称做任何种类的禽兽的人们却把哲学给弄得江河日下了。

斐：所以我们应该称颂古代，那时哲学家是这样的，他们被推举为立法者、参议和王公，参议和王公被推崇为祭士。而在我们这个时代，大多数神甫则受人蔑视，与他们一起，神的戒律也遭到轻蔑；我们所看到的、几乎所有的哲学家，都受人鄙视，由于他们，科学也遭到冷眼。此外在他们中间，还有这么一帮恶棍，他们就像杂草吃掉庄稼一样，用野蛮的狂言呓语摧残那只有少数人才能企及的罕见的美德和真理。

阿：唔，艾里特洛标，我真没见过这样的哲学家，竟因哲学受轻蔑而如此愤慨，我真没见过像泰奥非这样的人，为了自己的科学竟如此激动！假使所有别的哲学家们都是这样的有心襟，也就是说，都是这样的易于动火，那该是怎样一番情景呢？

艾：别的哲学家没有发现这么多，所以也无须这样地保卫它、这样地守护它。而且，他们会很容易地轻视那种一钱不值的哲学、或者值钱不多的哲学或者他们不懂的哲学。可是，那发现了隐

蔽的真理宝藏的人，则为宝藏的神奇美妙所震惊，他会像一个具有肮脏的黄金欲、珠宝欲、钻石欲的人那样，或像一个被女色俘虏的人那样，珍视它、守护它，谁要是曲解、轻视、玷污了她，他就会醋意大发。

阿：让我们好好想想，回到我们的本题上去吧。泰奥菲，关于您，人 182
家说，您在《华宴》中谴责并侮辱了全城、全省、全国的人们。

斐：这样的事我从未想过，从未图谋过，也从未做过；假使我这样想过、图谋过或这样做过，我会把自己谴责为最坏的人，我愿作一千次更正，我愿上千次地弃绝它，上千次地唾弃它，别说我侮辱了像这样一个高尚的古老的国家，哪怕是我侮辱了一个被人们视为野蛮的国家，哪怕是一个被人们指摘为不文明的城市，哪怕是一个被人们视为野蛮的种族，哪怕是一个被人们指责为不好客的家庭，如果我侮辱了它，我甘愿引咎自责。因为，不可能有这样的国家、这样的城市、这样的世代、这样的家庭，其成员具有相同的脾胃，而没有相反的、互相对立的性格，由于这种相反的性格，这个人所喜欢的，则是那个人所不喜欢的。

阿：的确，我全部读了，读了不止一遍，并且也很好地思索了。尽管在某些细节上，不知道为什么，我总感到您有点不能自制，但总的说，我认为您的行为是无可指摘的、合乎情理的、谦恭有礼的。但关于您的流言，正像我刚才所告诉您的，毕竟是于您不利的。

艾：所以有这些谣言流传，是由于那些感到刺痛的人卑鄙无耻，他们为了报复，又感到自己的智慧、学识、天资、力量都不够，于是便竭尽全力地制造一些只有他们那一流的人才会相信的谎言，搜罗同党，以便把针对某几个人的指责说成是对全社会的侮辱。

阿：相反地，我认为有些人并不是没有见地的，并不是没有理解能
183 力的，他们所以认为侮辱带有普遍性，是由于您把那些习气归之于高贵门第的人们。

斐：那么是不是说，像上面说的那类风习，以及更坏得多的、在性质上、种类上、数量上都更为离奇的风习在世界闻名国家、闻名地区就不会有呢？如果我说在意大利、在那不勒斯、在诺拉有这样的和更加罪恶的风习，难道说你就认为我侮辱了祖国、对她忘恩负义么？难道说这就贬损了那个得天独厚的国家么？难道说她就不能在同时和同样的程度上被称作地球的头脑和右手了么？难道说它不曾是其他民族的统治者和管辖者么？我们以及其他的人们不总是称她为一切美德、学说、文化、谦让、礼貌的教导者、培育者和母亲么？我们的诗人对她的赞扬难道说夸大了么？难道说不正是这些诗人在同等的程度上又称她为一切罪恶、欺骗、吝啬和残忍的渊薮么？

艾：按照您的哲学原则，这是正确的；在这些原则中您断言：对立面吻合于本原中和最近的客体中，所以，那些最有能耐的、能够作出崇高、英勇、豪迈业绩的天才们，如果放荡不羁，也能作出顶顶丑恶的事来。此外，最罕见的最杰出的天才通常总是出现在最无知最愚蠢的人们中间；在大多数人最不文明、最欠教养的地方，往往会见到最文明、最有教养的人；所以，看来，不同的民族是以不同的方式赋有同等程度的优点与缺陷的。

斐：你说的是真理。

阿:但是,泰奥非,我和许多别的人都感到遗憾的是,您在我们可爱 184
的祖国所遇到的,尽是这样的人,他们使您不得不通过《华宴》来发泄牢骚;而不是另一种为数众多的人,他们会向您清楚地表明:我们的国家,尽管贵国诗人曾说她“Penitus toto divisus ab orbe”(“完全与世界隔离”)[①],但她却是爱好从事文艺、军事、侠义、文化、教育等各个方面事业的。在这一切事业中,只要是我们力所能及的,我们都尽量使自己不亚于我们的祖先,不逊于其他别的民族,特别是那些民族,他们认为,高尚、科学、军事和文化似乎是大自然赋予他们的。

斐:我可以肯定地说,阿尔麦索,对于您所说的,我无论在言辞上、在理智上、在意识上都不应该,也不可能与您相矛盾,因为您是在无可指摘地、谦虚地、有根有据地维护自己的事业。因此,由于您,这样一位毫不狂妄自大的人,我开始感到后悔和遗憾,我不该牵涉上面提到的某些个人,不该使您以及其他具有最正直的、人道的思想方式的人们伤心。因此,我热诚地希望,我的那本对话能不出版,而且,如果您同意的话,我愿作最大努力使它们不再流传。

阿:无论是我,无论是其他最高尚的人们,都丝毫不会因这些对话的问世而感到伤心。相反地,我倒是愿意促成它被译成我国的语言,以便让我们中间那些没有什么教养、而又维护不良风习的人们读读它。当他们看到他们的粗暴举止是多么令人讨厌,描绘出来模样又是多么可恶时,也许会发生这样的情形:如果

① 出自维其略的《牧歌》,第 67 首。

他们还没有想起从这条道上却步，尽管他们已从优秀而高尚的人们那里得到了有益的教训和良好的榜样，那么，一种耻于与恶者为伍的感觉无论如何也会使他们努力去改变自身习惯、适
185 应良好习惯的；那时他们将会确信，一个人的荣誉和骄傲并不在于知道各种使人烦恼的方法，相反地，而是在于与此相反的行为。

艾：您表明：您是一位温文有礼的人，您对祖国的繁荣表示关心，您对别人的功绩不是忘恩不报、不知感激的，您不像许多别的人那样，说话没有根据，处事没有见地。不过，我觉得，斐洛泰奥对于捍卫自己的名誉，维护自己的人格，并不是那么关心的；因为，高尚跟粗野矛盾到什么程度，它们的后果也就相反到什么程度。例如，如果说那个因为给祖国取得了胜利与成功而成为英杰、受人歌颂的野蛮的斯基福人，在离开多瑙河岸后，曾对罗马元老院进行了大胆的责难和公正的申诉，从而破坏了它的权威与尊严，那么，这些责难和申诉只是使后者因竖立巨大的塑像来纪念这位严峻的谴责者而获得表现自己的豁达明理和宽容大度的机会而已。可是，相反地，如果罗马的那位贵族与元老竟离开欢乐的本土——梯伯河岸，到野蛮的斯基福人那里去，并对他们进行公正的抱怨和最合情理的指责的话，那他就会遭到失败，并显得缺乏理性。而他们则会因此获得口实，把自己那种无穷尽的卑鄙、诽谤、粗鲁全部发泄出来：用石头毒打他，让无知之辈的狂暴行径放纵无羁，并以此向其他民族表明，真正的人和那些仅只按照人的形状与样态造出来的人之间，有着多么深刻的不同。

阿：真的，泰奥非，我并不认为：我或者某一位比我更聪明的人有必要去维护、支持您所讽刺的那些人的勾当，尽管这看起来似乎 186
是一个涉及本国居民的问题，而我们的自然法则又迫使我们去维护这个国家。我们的祖国，跟任何别的国家一样，拥有高尚的、有教养的、温文有礼的、修养有素的、谦虚的、文明的、理智的人们，但是谁要是断言，您所讽刺的那些人是我们祖国的一部分和成员，我将永远不能承认他是我的志同道合者，我将永远认为他是我的对头。所以，尽管那些人也生活在我们的祖国里，但他们只是作为垃圾、渣滓、废料、破烂而存在其中的。他们只有在这种意义上才可叫做国家和城市的一部分：即像污水池叫做船的一部分那样。因此，我们并不应该因他们而对自己不满，如果仍要不满的话，那就应受谴责了。我并不把相当大一部分学者和教士算在这些人之外，其中有一些人借着博士学位变成了达官显贵。他们的目的是要取得毫无价值的权威，这种权威起初他们还不敢怎么流露，但是后来，由于他们的厚颜无耻，便大胆地、公开地表现出来了，他们指望通过这种途径来扩大他们作为学者和教士的名气。所以，您看到许许多多具有博士学位和教士头衔的人比真正的马夫、牧人、农民更接近于畜群、马厩、牲口棚，那就难怪了。因此，我不希望您不管我们这个大学过去怎样、将来又会怎样、现在有一部分人已经怎样，而一概以严厉的态度相待。

斐：请您放心，因为，虽说在这里它被描述得十分正确，可是它比起一切其余的大学说，并没有犯更大的错误，其余的大学都认为自己比别的大学强，并借助于自己那些最不高明的博士文凭，

用金环来装饰马匹，用桂冠来装饰驴子。

同样我也不否认，你们的大学从一开始就具有良好的组
187 织，并以良好的教学秩序、隆重的仪典、起居的妥善安排、衣着的考究等等著称，这一切跟一个学府是有必然联系的，并且是学府的必不可少的装潢。因此毫无疑问，没有一个人会否认它在欧洲、因而也是在全世界的首屈一指的地位。我也不否认，它在才干的精练、头脑的机灵方面（这是不列颠的两个组成部分所自然而然地产生的），不亚于其他最优秀的大学[①]。同样不能使我忘怀的是：思辨科学当在欧洲其他地域传播开来以前，在这个地方就已经臻于繁荣了；而且这个大学的形而上学大师们，尽管在语言上是些蛮夷、在职业上是些僧侣，可是却在文明国家的一切其他学府，传播了形而上学这个最为高尚珍贵的、如今却几乎泯灭的哲学部门的光彩。

但是，使我抑郁不快的、同时也使我厌恶和发笑的是：当我发现没有人比这里的人们更接近于罗马语言和阿提喀语言的同时，他们（我指的是大多数）在其他方面却高傲地认为自己处处与古人不同、与古人相对立。至于古人，他们很少关心辩术和语法上的严谨，而是完全从事于思辨（这些人却称之为诡辩）。但是，我更加珍重的是古人的形而上学（在这方面，他们中间出了一位他们的大师——亚里士多德），不管这门科学被某些荒诞的推论和定理玷污、糟蹋到了什么程度；这些推论和

① 在上文里，布鲁诺指的是牛津大学，它在中世纪是经院哲学的重要中心之一。邓斯·司各脱曾在牛津大学任教，罗吉尔·培根曾在该校就学。在布鲁诺时代，该校趋向衰落。

定理既跟哲学无关，又与神学无系，而纯粹是无所事事和滥用头脑的结果；现代人缺乏古人的这种智慧，但却具有全部西塞禄式的辩才和朗诵家的口艺。

阿：但这些东西也是不可忽视的。

斐：对；不过，如果需要二者择一的话，我宁愿选择精神方面的素
养，不管它具有如何不美的外观，也不愿选择遣词造句方面的 188
素养。

艾：这些话使我想起了法师文杜拉。新约里有句话说：“把恺撒应得的，给恺撒”，他在解释这句话时，列举了罗马人历代使用的所有货币的名称、它们的重量以及铸印图像（我真不知道他从什么鬼地方、从哪些破纸烂书中搜罗来这么多玩意儿，计有一百二十多种），以显示他是如何的学识渊博和具有多么惊人的记忆能力。讲道结束后，一位虔诚的教徒走过来向他恳求道：“我尊敬的父亲，求您借给我一个加林吧！”对这个请求，他却回答说他是属于托钵僧教团的。

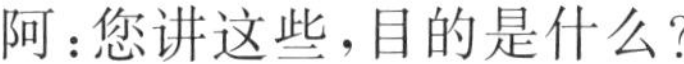

阿：您讲这些，目的是什么？

艾：我是想说：有些人谙于称谓、精于辞令，对于实际事物却不闻不问，他们，实际上是跟这位尊敬的骡子之父骑在同一头骡子上驰骋献技的。

阿：我觉得，他们除了搞辩术以外（在这方面他们超过了他们所有的前辈，而且也不低于当代人），在哲学上和在其他思辨性职业方面也不是腹空如洗的白丁，对于这些方面如果毫无素养的话，他们无论如何是寸步难行的。所以，他们曾宣誓效忠的那个大学的章程规定：“Nullus ad philosophiae et theologiae magisterium et doctoratam promoveatur，nisi potaverit e fonte Aristotelis”（凡不从亚里士多德原著中汲取学问者，不得授予哲学和神学的硕士和博士学位）。

艾：喔，我告诉您吧，他们已经有办法可以不成为伪誓的罪人了。那大学里有三个泉源，有一个他们给起名为“Fons Aristotelis”（“亚里士多德泉源”）[①]，另一个叫做“Fons Pythagorae”（“毕达哥拉斯泉源”），第三个叫做“Fons Platonis”（“柏拉图泉源”）。由于他们用这三个泉源的水做啤酒和蜜（当然，牛和马饮的也
189 是这里的水），因之，任何人，只要在这个大学的学院或其研究室里住上三四天，甚或更短的时间，那就不仅饮用了亚里士多德泉源的水，而且也会喝到毕达哥拉斯和柏拉图泉源的水。

阿：喔，您说的一切都是千真万确的。正因为如此，我的泰奥非，博士才像沙丁鱼那样不值钱。因为，既然可以不大费力就能发现它们、捕获它们、得到它们，因而不用大价钱也就可以买到它们。由于这种缘故，如今在我们这里博士是如此之多（当然，我不损伤某些因自己的能言善辩、博学多才、举止温文而闻名的人士的声誉，如托必阿斯·马太、考培尔[②]以及我叫不出名字的其他人士），以至于当某某人被称作博士时，与其说人们认为他是获得了新的高尚的学位，不如说人们怀疑他具有相反的品质，如果他的底细没人知晓的话。由此就产生了这样的情形：

① 原著与泉源在原文皆为 Источник，故 черпать источник 含有双重的含义，既有“从原著中汲取学问”的意思，又有“饮用泉水”的意思。——译者

② Тобий Меттью 和 Мартин Кельпепер 都是牛津大学教授，布鲁诺的同时代人。——译者

有些人因出身或其他机缘而显耀，此外并因学问渊博而享有清高之名，——这些人都像躲避耻辱一样地躲避博士的学位和头衔，而只满足于自己在实际上是一位学者。在宫廷里这样的人比大学里的学究还要多。

斐：不要抱怨了，阿尔麦索，因为，在所有的地方，只要有博士和僧侣，就总会有这么两类人的。所以，那些是真正的学者、是真正的神职人员的人士，哪怕出身低微，也不可能没有素养、没有节操，因为，科学乃是使人精神英勇豪迈的最好途径。而另外一类人，他们愈是热望与 divum pater（众神之父）朱比特或与巨人萨尔曼尼斯[1]一起名扬四海，他们也就愈加裸露自己的粗暴，当他们在权威的讲坛上规定了 hic et haec et hoc nihil（这个〔阳性〕、这个〔阴性〕和这个无）属于那一类变格之后，便仿照
穿紫色袍[2]的萨蹄尔[3]或福纳士的样子，带着令人胆战心惊的 190
独揽一切的姿态昂首阔步而来。

阿：好啦，让我们撂开这个话题吧。您手里拿的是本什么书？

① Салмоней——维其略在其长诗《伊尼特》中提到的艾丽达的国王。由于他模仿雷电，与朱比特较量，朱比特罚他在地狱中受苦。维其略在《伊尼特》第 6 篇用下面的诗句描述了他：

她看见萨尔曼尼斯如何经受那残酷的处分。
由于他模仿了宙斯的火光与奥林匹亚的雷音。
他，坐在四轮马车上，灯笼摇曳，
穿过喧哗的人群，穿过中部艾丽达的城镇，
耀武扬威地行进，并要人神都向他朝觐：
他，狂妄至极的疯子，竟企图用发亮的铜器与众马的飞奔，
来模仿那不可模仿的火焰与奥林匹亚的雷音。——译者

② 古代博士着紫色袍。——译者

③ Сатир——古希腊之山林神怪。——译者

斐:是本对话。

阿:《华宴》?

斐:不是。

阿:是什么?

斐:另一本对话,是根据我们的方法谈《论原因、本原与太一》的。

阿:对话的是些什么人?大概我们又要跟弗鲁拉和普鲁金齐[1]这一类的魔鬼打交道了,这些人又会把我们弄得心神不安吧?

斐:请不必疑虑,除一个人以外,所有别的人物都是平心静气的、最正直的人。

阿:那么,照您自己的话看来,在这本对话里还是有些东西需要我们清除的?

斐:关于这一点,请不要忧虑不安,因为,您抓搔痒处总比抚弄疼处要快得多。

阿:可是?

斐:在这里,您将会看到:在对话者当中有一位是正直的、有学问的、爱人的、善良的、忠实的朋友即亚历山大·狄克森[2],诺拉人爱他像爱自己的眼睛那样。他也就是我们所以要在这里探讨这个主题的原因。他在这里的作用,是为泰奥非提供思维的材料。第二位是泰奥非,也就是我。我将根据情况就与主题有

---

① 这两人都是布鲁诺《灰堆上的华宴》一书中的人物。
Фрулла 一词是小人、饶舌者的意思。
Пруденций 一词是智慧、聪明、通情达理者的意思。——译者

② Александр Диксон 是布鲁诺的追随者。1583 年曾写了一部关于记忆法的著作,他在这部著作中所依据的,是布鲁诺的《观念的影子》(1582)一书。

关的一切加以区分、下出定义、予以证明。第三位是格瓦西，他干的不是我们这一行，但是为了消磨时间，愿意参加我们的对 191
话。他是一个不好也不坏的人，爱拿波里尼开心，并逐步地使他暴露出他的愚蠢。第四位就是这个亵渎神圣的学究波里尼，他是一位严格的哲学检察官，因之以莫姆斯[①]自居；他对他那群烦琐哲学家抱着炽烈的情感，因之自认为具有苏格拉底式的爱情；他是女性的死对头，因之自以为是奥尔非、牟芮斯、泰提拉斯和安非昂[②]，而不愿作为一个物理学家。他是属于这些人之列的：他们在以西塞禄的精神造出华丽的词句、写出文雅的书翰、裁出优美的短句之后，便自以为：这儿是复活了的狄摩西尼[③]；这儿是杜里乌斯[④]再生；这儿是萨拉斯特[⑤]；这儿是百眼巨神[⑥]，它查看着每一个字母、每一个音节、每一个用语；这儿是拉达曼[⑦]，它"umbras vocat ille silentum"（召来缄默者的影子）；这儿是克里特的国王密诺斯[⑧]，它"urnam movet"（挥动着

① Мом 又作 Момус，嘲笑与责难之神。——译者

② Орфей——古希腊神话中的歌唱家，相传其歌曲之妙足以感动禽兽木石。

Музей——古希腊神话中的歌唱家，据说是宗教歌曲的创作者。

Титир——维其略的《牧歌》中一位牧人的名字，擅长吹奏牧笛。

Амфион ——古希腊神话中宙斯与安泰奥皮之子。曾以其琴乐之力驱石以建底比斯之城垣。——译者

③ Демосфен——希腊之雄辩家，纪元前 383—前 322 年。——译者

④ Туллий——即指马尔库斯·杜里乌斯·西塞禄（纪元前 106—前 43 年），罗马著名演说家。——译者

⑤ Саллюстий——罗马之历史家，纪元前 87—约前 35 年。——译者

⑥ Аргус——希腊神话中的百眼巨人。——译者

⑦ Радаман——希腊神话中宙斯与欧罗巴之子，是克里特岛的国王，并为阴间三个法官之一。——译者

⑧ Минос——希腊神话中克里特岛的王，为宙斯与欧罗巴的儿子，死后成为阴间

骨灰罐）；他们审查言语，他们讨论词句，他们说：这些是诗人的，这些是喜剧作家的，这些是演说家的；这儿严肃，这儿轻飘，这儿高尚，humile dicendi genus（这儿低级）；这种说法晦涩，如果它如何如何结构，那就流畅了；这是初出茅庐的作家，太不关心古代了，Non redolet Arpinatem，desipit tatium（他既没有西塞禄的风格，拉丁文写的又不怎么样）；这个短语不是多斯加那[①]的，也不是借自薄伽丘、彼得拉克以及其他久经考验的作家。他不写 homo，而写 omo，不写 honore，而写 onore，不写 Polihimnio，而写 Poliinnio。这就是波里尼的胜利，他对于他自己非常满意，他的行为比其他一切都更使他欢喜；这是一位朱比特，他从高耸的塔楼里观察、审视着其他人们的生活，他们的舛误百出的、灾难的、不幸的、徒劳无益的生活。只有他是幸福的，只有他过着天界的生活，通过什么《选集》啦、《字典》啦、
192 《卡列频诺》啦、《辞海》啦、《万花筒》啦、《尼佐留斯》[②]啦等等的镜子来观赏自己的神圣。而且，在他看来，任何人只不过是个

的法官之一。

这里布鲁诺暗指《伊尼特》第 6 首的下列诗句：

法官密诺斯摇动着骨灰罐；是他，

默不作声地召拢大伙，对他们的罪恶与生命进行考察。——译者

① 意大利中部之地名。——译者

② “Сборник”指的是 16 世纪在学校中广为流传的、那不勒斯语言学家斯考普的著作《箴言选集》(Вертоград)。

Калепино——第一部学校用拉丁文字典的编者，发行于 1502 年，因而他的名字变成了表示字典的普通名词。

“Рот изобилия”(《Корнукопий》)——皮洛蒂的拉丁文注释作品，1489 年印行，极为流行。

Ницолий——16 世纪广为流行的《西塞禄的宝库》一书的作者。

一，只有他，只有掌握着这众多东西的他，才是一切。他笑，则自称为德谟克利特；他忧，则自比为赫拉克利特；他争辩，则自诩为克里吉普；他思维，则自封为亚里士多德；他幻想，则自夸为柏拉图。他哞哞说教，则自拟为狄摩西尼；他分析维其略，则自比为马罗本人[①]。这里他矫正阿喀琉斯，那里他称赞伊尼阿[②]；他责骂赫克托，叱责皮洛士[③]，惋惜普赖阿姆[④]，怪罪杜尔奴斯[⑤]，原谅狄多[⑥]，推崇阿凯提斯[⑦]，最后，当他 verbum verbo reddit（词上叠词），把一系列粗鲁的同义语串在一起时，则 Nihil divinum a se alienum putat（认为没有任何神圣的东西是跟他格格不入的）。当他像一个众天界的主宰、各国元老院的管辖者、三军的统帅、众世界的改造者，从他那讲坛上昂首阔步地走下来时，显然，如果不是时代不公正的话，他会像在幻想中那样来在现实中行动的。O tempora，O mores（喔，时代，喔，风习！）：懂得分词、副词、连词的性质的人是多么稀少啊！为什么形容词必须跟名词一致，为什么关系词必须跟它所指的那个词一致，它们或置于前或置于后，究竟根据什么原则，那些表示悲与喜的感叹词 dolentis gaudentis（如像）：hen，ho，hai，ah，

① Марон——维其略的名字。——法译本注

② Эней——希腊神话中女神阿芙洛迪特与国王安息斯的儿子，特洛亚被火灾毁灭后，他把余存的人带到意大利去，成了罗马人的祖先。——译者

③ Пирр——伊庇鲁斯之王，纪元前 306—前 272 年。——译者

④ Приам——希腊神话中特洛亚之王。——译者

⑤ Турн——维其略的《伊尼特》中的形象，是伊尼阿的对手。——译者

⑥ Дидона——古典神话中太尔国之女王。据维其略的《伊尼特》所载，她爱上了伊尼阿（Eneas），后被遗弃，遂自杀。——译者

⑦ Axaт——《伊尼特》一书中的主人公厄尼阿斯的信实的朋友。——译者

hem,ohe,hui以及其他调料(没有这种词,任何语言都会枯燥无味),究竟应在何种程度上、按照何种规则来使用,为了找出这些东西的根据和真正的原因,曾花了多少时间啊!

艾:您想怎么说就怎么说吧,爱怎么理解就怎么理解吧!而我则认为,为了生活幸福,最好是:是个穷鬼而自认为是个大财主,而不要是个大财主却自认为是个穷鬼。享有一个你认为美若天仙的、使你感到满意的丑丫头,难道不比享有给你带来烦闷和
193 苦恼的丽达或海伦[1]更能使你感到幸福么?如果不学无术的、不从事高尚事业的人们愈是孤芳自赏、愈感到幸福,那么,这对于他们又有什么关系呢?驴觉着鲜草好吃,马觉着燕麦好吃,你觉着最好吃的是面包和沙鹑;猪猡对橡籽和污水很满意,而朱比特则要琼浆玉液才能满意。您是否愿意使他们摆脱这种惬意的愚蠢状态呢?如果他们为此要打破您的脑袋的话?况且,谁知道,究竟谁是愚蠢的呢?一位皮浪主义者说道:"谁晓得,我们的状态不是死的呢,而那些我们称之为死者的人的状态不是活的呢?"同样,谁晓得,全部的幸福、真正的愉快不是把各种词类加以正确的结合和搭配呢!

阿:世界就是这样:我们嘲笑学究和语法家,殷勤的宫廷内侍嘲笑我们,不假思索的和尚和僧侣嘲笑所有的人;反过来呢,学究又讥笑我们,我们又讥笑宫廷内侍,大家又讥笑僧侣;最后,当一

---

[1] Леда——希腊神话中,斯巴达国王丁大来的妻,被她的美丽迷惑住的宙斯曾变成天鹅向她求爱。

Елена——希腊神话中宙斯与丽达的女儿,斯巴达王麦尼劳斯的王后,以美丽著名。据神话传说,由于巴里斯诱拐了她,因而引起了特洛亚战争。——译者

个人在另一个人眼里是傻瓜的时候,我们则看到:大家只是 in specie(在种类上)彼此不同,但 in genere et numero et casu(在性、数、格上)是互相一致的。

斐:所以,责难的方式方法是不一样的,责难的程度也是千差万别的,但我们的太上学者的责难特别阴森、残酷、可怕、吓人。因此,在他们面前,我们必须屈膝下跪、耷拉下头、目不直视、双手举起、叹息、哭泣、呼喊、乞求怜悯。因之,我把求告之手伸向你们,手持麦叩利[1]楛杖、解决人间和神间一切争端、一切问题的人们;伸向你们,用俯瞰的斜睨的眼睛坐在月球上厌恶地、轻蔑地查看我们行为的麦尼普[2]们;伸向你们,巴拉斯[3]的盾牌手, 194
米涅瓦[4]的掌旗人,麦叩利的管事,朱比特的谋臣,阿波罗[5]的同胞兄弟,艾皮米修斯[6]的帮手,巴考士的狂饮的酒友,艾安特的母驴们[7],艾多尼斯的鞭策者,泰阿斯的激励者,美纳德的引诱者,巴萨里德的教唆者,米马洛尼得[8]的骑士,山林水泽之仙

① Меркурий——罗马神话中商业之神。——译者

② Менипп——古希腊哲学家,约生于纪元前 3 世纪。他用滑稽语调讨论严肃的哲学问题。后来屡有作家模仿他的讽刺体裁,因之麦尼普一词逐渐变成普通名词了。——译者

③ Паллада——古希腊神话中司智慧和战争的女神雅典娜之别名。——译者

④ Минерва——罗马女神,手艺和艺术、学校教师和医生的保护神,人们已把她与希腊的女神雅典娜混为一谈。——译者

⑤ Аполлон——古希腊最受尊敬的神之一,视为太阳和光明之神;农业、文艺、美术的保护者,同时视为理想的美男子。——译者

⑥ Эпиметей——希腊神话中美女潘托拉之丈夫,普罗米修斯之兄弟。——译者

⑦ Эвант——希腊神话中酒神狄奥尼索斯的别名,或他的一个儿子的名字。母驴们暗指酒神的女祭司们。——译者

⑧ 以上几个名字都是狄奥尼索斯的骑驴的女祭司们的别称。——译者

伊基利阿的情夫，热情的诟骂者，游牧民族的引导者，阎王的护卫，易变无常的各种学说的戴俄斯叩赖[1]，潘塔莫尔夫[2]的司库，第一祭司长亚伦[3]的替罪羔羊，——我们把我们的散文交给你们，我们把自己的诗、大前提、小前提、旁涉、括号、同位语、插入句、段落、文体结构、附加语和形容语提请你们裁决。你们啊，最可爱的空谈家，用优美的文雅摄走我们的精神、迷醉我们的心灵、蛊惑我们的情感并把我们淫荡的灵魂关进妓院的人们啊！把我们杂用外语的现象引到好的境地吧，改正我们的语法错误吧，把我们那些不成功的语句修修好吧，阉割掉我们的赛利那斯吧，制约我们的诺亚吧，把我们的累赘话变成太监吧，织补我们的错误吧，限制我们的同语反复吧，节制我们的精确吧，姑息我们的污言秽语吧，原谅我们的冗词长句吧[4]，宽恕我们的音调粗鲁吧！我向你们所有的人哀求，特别是你，严厉的、傲慢的、最苛刻的波里尼先生，请你们抛开盲目的狂怒和对最高尚的女性的犯罪性的憎恨；不要驱逐世界上美丽的东西和苍天以自己的无数只眼睛观赏的东西吧。清醒清醒吧，恢复自己的理智吧，这样你们就会看到：你们的这种憎恶无非是明显的神

---

① Диоскуры——希腊神话中宙斯之双生子卡斯托和波拉克斯，被尊为海员的守护神，又喻亲密无间之好友。——译者

② Пантаморф——希腊神话中能变种种形态之海神普罗丢斯。此处暗指希腊史学家希罗多德(纪元前484—前425年)所说的：普罗丢斯是富有的埃及国王。

③ Аарон——摩西之兄，见旧约圣经出埃及记第4章第14节。——译者

④ Тавталогия(同语反复)——同义语叠用。

Акриболотия(精确)——选词用字的精确。

Эскрилогия(污言秽语)——骂人的下流话。

Периссология(冗词长句)——指同义词叠用，言辞累赘等。

经错乱和盲目的暴怒。谁能比看不到光明的人更加麻木不仁、更加呆板迟钝呢？什么愚蠢能比由于憎恨性别而仇视自然的行为更加可鄙呢？这正像萨尔茨的野蛮国王①所做的那样，他在你们的教导之下说道： 195

要知道，大自然不可能是完善的，

因为她是一个阴性的名词。

哪怕是稍微地注视一下真理，查看一下识别善恶之树，你们就会看到一方和另一方的差别和对立。仔细看一看男人什么样、女人什么样吧！这里你们会看到一个有形的躯体，它是你们的朋友——男人，那里你们会看到灵魂，它是你们的敌人——女人。这里是男性的混乱，那里是女性的秩序；这里是沉睡，那里是机警；这里是压力，那里是退让；这里是恶习，那里是美德；这里是恐惧，那里是安全；这里是责难，那里是恭敬；这里是荒唐，那里是和谐；这里是暴躁，那里是静穆；这里是谬误，那里是真理；这里是缺陷，那里是完美；这里是地狱，那里是安逸；这里是波里尼学究，那里是波里尼牟斯。总之，一切恶习、缺陷、罪过都是男性的。一切美德、优点、仁慈都是女性的。所以，谨慎、公正、勇敢、温和、美丽、宏伟、尊严、神圣都用阴性来称呼、来设想、来描绘、来形容，它们确也是这样的。现在让我们从适合于你们作论证的这些理论上、逻辑上和语法上的根据，转到自然的、现实的、实际的根据吧。仅仅下面一个例子还不足以束住

① Варварский король из Сарца——阿里奥斯托（1474—1533 年）的长诗“狂暴的罗兰得”中的人物之一，关于女人的诗句就是从这里引来的。

你的舌头、堵住你的嘴巴、使你以及你那一群同伙感到腼腆么?你能找到一个比统治英国的神圣伊丽莎白女王更优秀的或者哪怕是同样的男人么?由于她得天独厚,风度高尚,处于众天界的庇护和保佑之下,蒙受他们的赞助,因之,任何人企图用旁的什么话、什么力量贬损她的作用,都会是徒劳无益的。这位在全国人们中间最可尊敬的女士,难道说在显贵人士中间有谁比她更英豪、在穿托加[①]的人们中间有谁比她更有学识、在谋
196 臣中间有谁比她更英明的么?索弗妮慈巴[②]、弗斯汀娜[③]、谢米拉魅斯[④]、狄多、克利奥佩屈拉[⑤]以及别的一些人们,从前曾经是意大利、希腊、埃及以及欧亚其他国家的光荣,但是跟她比起来,无论是在形体美上,在通晓民间语言和科学语言上,在谙习科学与艺术上,在治理的英明上,在长期保持国泰民安上,在其他一切社会性的和天赋的高尚性格上,她们都显得太微不足道了。当今众口称赞的、她的辉煌业绩和德政,便是我的见证人。25 年多以来,当受辱的梯伯河、险恶的波河、疯狂的罗纳河、血污的塞纳河、惶惶不安的加隆河、狂怒的厄波罗河、发疯的塔霍河、忧虑的马斯河、不安的多瑙河奔流的时候,伊丽莎白却在欧

① Тога——古罗马的男长衣,以一块布从左肩搭过,缠在身上。——译者

② Софониоба——迦太基女子(纪元前 3 世纪下半叶),为努米底亚的侯爵马西尼萨和辛法可斯所追求,在罗马与迦太基进行第二次战争时,马西尼萨怕她为罗马人所俘,杀死了她。——德译本注

③ Фаустина——纪元 2 世纪罗马皇帝安东尼奥·庇乌斯和马克·奥列尔的妻子的名字。——德译本注

④ Семирамида——叙利亚女王(纪元前 800 年)。——德译本注

⑤ Клеопатра——埃及女王(纪元前 69—前 30 年)。——德译本注

洲的后方用她那双明眸的光辉安抚着万顷海洋——她不停地更换潮汐，欢乐地、静悄地把她所钟爱的泰晤士河水纳入她那宽阔的怀抱；而那泰晤士河，远离各种烦恼与不安，在碧绿的两岸间蜿蜒曲折，安详地欢乐地潺潺流动。因此，为了从主要之点开始，无论……

阿：你[①]住嘴，住嘴，斐洛泰奥。不要竭力往我们海洋里添水、往我们太阳上增光吧。当你跟缺席的波里尼们辩论时，为了不把话说得更损，还是不要这么痉挛才好。把你这本对话的手稿借给我们看几天，这样我们就不至于在这个时日无事可干了。

斐：你们就拿去读读吧。

——第一篇对话终——

① 从“您”转到“你”是那不勒斯人言语的特点。

197 第二篇对话

对话人

奥列留·狄克森，泰奥非，格瓦西，波里尼

狄：劳您驾，波里尼先生，还有你，格瓦西，请不要打断我们下面的谈话。

波：Fiat(可以这样办)。

格：如果讲话的是位大师，那我毫无疑问是不能保持缄默的。

狄：那么，泰奥非，您认为，任何东西，凡不是第一本原和第一原因的，都有一个本原和原因？

泰：无可异议，毫无疑问。

狄：故而您认为，谁认识有原因和有本原的东西，谁也就是在认识原因和本原？

泰：认识最近的原因和最近的本原，是不容易的；要认识最高原因和第一本原，哪怕是它的印迹，就最为困难。

狄：具有第一原因和最近原因、第一本原和最近本原的东西，能够被真确地认识，如果它们按作用因(这是那种能促进对事物的真正认识的东西之一)说是隐蔽的话，您对这一点如何看法？

198 泰：我断言：建立一种证明的学说，是件易事，但是要去证明就难了；陈述一门学问的原因、状况和方法是世界上最方便不过的事情，但是我们的方法论者和分析家对于自己的工具、方法论原则和技艺之方术却运用得很糟。

格：正像一个会造宝剑、却不会使用它的人那样。

波：Ferme(的确)！

格：愿你的眼睛一闭，永远也睁不开[①]。

泰：所以我认为，不应当希求自然哲学家说明所有的原因和本原，而只应希求他说明物理的原因和本原，并从其中找出那些主要的和最根本的来。虽说这些原因和本原依赖于第一原因和第一本原，并因而可以说它们具有第一原因和第一本原，但这绝不是认识了甲就必然会认识乙的那种必然联系；因此，不能希求二者在同一门科学中同时得到说明。

狄：那是怎么回事儿呢？

泰：因为，认识了所有从属性的东西，我们并不能知道第一本原和第一原因，我们所能知道的，只是其印迹，因为一切都是起源于它的意志或善；这后者是它行动的本原，一切的结果都是从它的行动产生的。从艺术品中我们也可看到与此相同的情况，好比一个人，看得见雕像而看不见雕塑者，看到海伦[②]的画像，而看不到阿彼莱斯[③]，他所看到的，只是由于阿彼莱斯的卓越才能而产生的行动的结果；这一切都是这个人的实体的种种偶性

① 此处系拿 Ferme 一词做文字游戏，意大利原文为“Fermati te siano gli ocehi, che mai le Possi aprire”。——德译本注

② 海伦是希腊神话中宙斯和丽达的女儿，斯巴达王麦尼劳斯的王后，以美丽著名。据神话传说，由于巴里斯诱拐了她，因而引起了特洛亚战争。——译者

③ 阿彼莱斯(纪元前 4 世纪)——古希腊画家。他的作品极为当代人所推崇(《阿芙洛迪特》、《诽谤》等)，这些作品都已经湮没，仅有文献记载。——译者

和属性的产物，至于说到他的绝对存在，他是丝毫不能被认识的。

狄：所以认识宇宙——并不意味着认识第一本原的某一实质或实

199 体，因为这只意味着认识偶性的偶性。

泰：对，不过我不希望你认为，似乎我的意思是：在上帝身上有种种偶性，或者，上帝似乎可以通过它的种种偶性被认识。

狄：我不认为你有如此粗鲁的意图；据我所知，对于任何一个跟神性迥异的事物，说这是偶性，——是一回事；说这是祂的偶性，——是另一回事；说这好像是祂的偶性，——则又是一回事。我觉着，您是想用后一种说法来说明：事物是神的行动的结果；这些结果虽说是事物的实体，也是自然实体本身，但也好像是最最遥远的偶性，因为问题是我们想通过它们取得对神的超自然实质的正确理解。

泰：您说得很好。

狄：所以，关于这个神的实体，我们完全无法知道，这既是由于它是无限的，也是由于它极远地离开了这些结果，即我们的推理能力所能到达的最大限度；我们所能认识的只是其印迹，像柏拉图派所说的那样；只是遥远的结果，像逍遥派所说的那样；只是外壳，像卡巴拉[①]派所说的那样；我们能够观察它，不过仿佛是从背后，像盲信圣法经传的人[②]所说的那样；仿佛从镜子中、从阴影处借助于猜测来看它，像作启示的人们所说的那样。

① Каббала——卡（喀）巴拉，是一个中世纪犹太神秘哲学体系。——译者

② Талмудист——犹太圣法经传学者，专门研究犹太圣法经传（Талмуд）的人，盲目信从它的法则和指示的人。——译者

泰:还不仅于此呢。由于我们不能把这个宇宙完完全全一览无余(它的实体和本原是那么难于理解),因之由此应该得出:我们根据结果来认识第一本原和原因,较之我们根据阿彼莱斯作的塑像来认识阿彼莱斯,那就差多了。因为塑像我们能够看到全 200
部,并能逐步地去研究,但是对于神的威力的伟大而无限的创造物来说,这就不可能了。因此,理解这个比喻,应该有一定的限制。

狄:是这样,我也是这样理解的。

泰:因之,避开不谈这个崇高的对象,将是正确的。

狄:我同意这一点,因为对于道德和神学来说,能像天界的神灵所启示给我们的和神职人员所讲解的那样去认识第一本原,就够了。此外,不仅任何的法律和神学,而且所有健全的哲学体系都会得出这样的结论:只有亵渎神圣、无事生非的人,才会热衷于给那超乎我们理解力范围的东西寻找根据和作出定义。

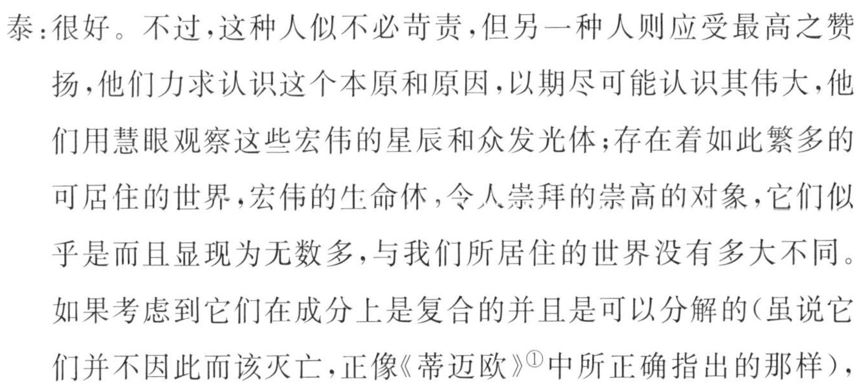

泰:很好。不过,这种人似不必苛责,但另一种人则应受最高之赞扬,他们力求认识这个本原和原因,以期尽可能认识其伟大,他们用慧眼观察这些宏伟的星辰和众发光体;存在着如此繁多的可居住的世界,宏伟的生命体,令人崇拜的崇高的对象,它们似乎是而且显现为无数多,与我们所居住的世界没有多大不同。如果考虑到它们在成分上是复合的并且是可以分解的(虽说它们并不因此而该灭亡,正像《蒂迈欧》[①]中所正确指出的那样),

① 见柏拉图对话集《蒂迈欧》篇,(41—A—B)。柏拉图用蒂迈欧的口气向苏格拉底讲述他的宇宙生成论。

那就不可能设想它们具有自在的存在，那么由此就必然得出：它们一定有一个本原和原因，因而也知道它的存在、生命和行动的伟大：它们在无限的空间中，以无数的声音表明并宣扬自身的第一本原和原因的无限高超和庄严。

因此，像你所说的，对于这些，我们将撇开不予考察，因为它超出了任何的感觉和悟性，我们将要考察的，是这样的原因
201 和本原，它作为印迹，或者是自然界本身，或者是仅只闪烁于自然界的表面和内部。您呢，如果愿意的话，请按一定的顺序提问，以便我能有顺序地回答您。

狄：好，我这样做。不过，首先，由于您总是说原因和本原[①]，所以我很想知道，您是否是把此二词当作同义词来使用的。

泰：不是。

狄：那么，这两个词之间有什么区别呢？

泰：我的回答是：当我们把上帝称作第一本原和第一原因时，我们是从不同的角度来看同一个事物；当我们谈到自然中的本原和原因时，我们则是从不同的角度来看不同的事物。我们称上帝为第一本原，是因为，万物都是在它之后，并且是按照一定的先后次序出现的，或者是按照自己的本性、自己的持续性和自己的价值而出现的。我们称上帝为第一原因，是因为，万物不同

① 要了解布鲁诺的用语本原（Начало или принцип）和原因（причина）的含义，必须注意到，这些词是他从亚里士多德那里借来的；亚里士多德的关于四种原因〔质料因、形式因、作用因和目的因〕的学说，布鲁诺作了如下的改造：他把万物的内在原因称作本原，而原因本身，依照他的思想，则是从外部起作用的；亚里士多德的四个原因中，起主导作用的，在布鲁诺那里，是作用因和质料因。统一的实体或自然，按照他的思想，是由质料（或译物质）和力量组成的；他的学说具有唯物主义的和无神论的性质。

于它，就像作用不同于作用者、被产生出来的东西不同于产生者那样。

这两种角度是不同的，因为，并不是任何早一些存在和具有较大价值的事物都是那种晚一些存在和具有较小价值的事物的原因，凡为原因的事物并不都比那种受原因制约的东西存在得更早些、更有价值些。对于思考周密的人说，这是十分明白的。

狄：那么请您告诉我，当谈到自然界的事物时，原因跟本原有什么不同？

泰：虽说一个用语有时可用来代替另一个用语，可是，就其本来的意义说，凡为本原者，未必都是原因，因为，点是线的本原，但并
不是它的原因；瞬间是行动的本原，开头的静止是运动的本原， 202
但不是运动的原因；前提是证明的本原，但不是它的原因。由此可见，本原是比原因更为一般的概念。

狄：您按照那些用语精密的人们的习惯，把这两个用语精确化了，使它们恢复了明确的本有的意义，因此，我相信，您所理解的本原，是指这样的东西，它以内在的方式促进事物的构成，并存留于结果中，例如存留于成分之中的质料与形式，或事物所由组成并能分解成为的元素等皆然。您所谓原因，是指这样的东西，它以外在的方式促进事物的产生，并存在于成分之外，如作用因以及生产事物时所追求的目的就是这样的。

泰：完全正确。

狄：那么，当我们对这些东西之间的差别有了一个了解之后，首先我想请您谈谈原因，然后，谈谈本原。至于说到原因，首先我想知道什么是第一作用因，什么是形式因，照您的话说，形式因是

跟作用因连在一起的；此外，我还想知道，什么是终极原因，它曾被理解为作用因的动因。

泰：我很喜欢您建议的这个谈论顺序。好吧。关于作用因，我认为：普遍的物理的作用因是普遍的理智(intellect)，这是世界灵魂的第一的和主要的能力，世界灵魂是普遍的世界形式。

狄：您这个见解，我觉着，基本上跟恩培多克勒[①]的看法是一致的，只是在您这里表达得更明确、更清楚、更恰当，此外，如果就名称来看，您的说法含义也更加深刻，因此，如果您能从指出什么
203 是普遍理智开始，详尽地把万有向我们阐述一番，那将使我们感激非浅。

泰：普遍理智——这是世界灵魂内部的、最实在的、特有的能力，是世界灵魂的起作用的部分。它是单一的同一，充满一切，照耀宇宙，并指导自然产生万物，各从其类。因之，它之产生自然万物，犹如我们的理智相应地产生各种观念事物那样。是它——理智，被毕达哥拉斯派称作宇宙的推动者和刺激者，像一位诗人所描绘的那样：

Totamque infusa per artus
Mens agitat molem et toto 'se corpore misset.
(……理智，充溢各个肢体，
促使巨物蠢动，
与宏伟的整体交融一起。)

---

① Эмпедокл——古希腊唯物主义哲学家和自然科学家(纪元前5世纪)。他把火、气、水、土四种物质元素看作万有的基础，认为它们具有两种动力：聚合力和离散力，他称为“爱”和“恨”。

是它，被柏拉图派称作世界的铁匠。他们说，这个铁匠从高级世界（它实际上是太一）转到这个分为许多部分的感性世界，因此，由于部分与部分之间的差距，在这里占支配地位的，不仅有和谐，而且也有冲突。

这个理智，从自身将某种东西传递和转移给物质，便产生万物，而它自身仍停留于静止和不动状态。古波斯教的僧侣（Маг）称它为最多产的种子，甚至称它为播种者；因为，是它使物质承受了所有的形式，是它根据形式的意义和条件，赋予物质以形状，塑造并形成万物，使万物处于这么一种惊人的秩序中，以致这种秩序不能诿之于耦合或另一种不善于进行区分和安排的某某本原。

奥菲士[①]称它为世界的眼睛，因为，它从内部和从外部照管着自然万物，以期万物在里面和外面都能生得很匀称并能保持这种特有的匀称。恩培多克勒称它为区分者，因为它从不停息地在物质的怀抱中析理杂乱的形式，并促使一物从另一物的灭亡中产生。普罗提诺[②]称它为父亲和始祖，因为，它在自然的田野上散布种子，并且是形式的最直接的分配者。 204

我们称它为内在的艺术家，因为它从内部形成物质和形式，好像从种子或根的内部生出和形成干，从干的内部长出主

① Орфей——古希腊一种宗教神秘学说的创始人。著有一系列关于宇宙发生和神灵起源的著作。约在纪元前 6 世纪。主张肉体是恶的本原，灵魂是善的本原。——译者

② Плотин（204—270 年），古希腊神秘哲学家，生于埃及，新柏拉图主义的著名代表人物。——译者

枝，从主枝内部长出各式各样的细枝，从细枝内部发出嫩芽，从嫩芽内部，像出自神经纤维般的形成、组成、长出叶、花和果；并且在一定的时间，又以内在的方式将汁液从叶与果重新引回细枝，从细枝引回主枝，从主枝引回干，从干引回根。

在动物中，它也是以同样的方式展开自己的活动的；首先是从精子和从心脏中心到外部的肢体，然后又把分散开来的能力从外部肢体集结于心脏，它通过这种活动仿佛是把伸展开的众多线索串连在一起。

因之，如果我们认为，在物质表面按照一定的秩序、使用模仿的方法、创作一幅僵死的作品，例如把一块木料加工、雕刻出马的形象，尚且不能没有思考和智慧，那么，我们岂不应该认为，从种质内部架结骨骼、安排软骨、敷设脉络、吹燃灵气、编织纤维、布置神经并以高超绝妙之技艺掌管着全体的那种艺术家的理智更加伟大么？

我是说，那不与物质的某一部分相关联、而在万有中不停断地创造万有者岂不是更伟大的艺术家么？理智共有三种：一、神的理智，它是一切；二、世界理智，它创作一切；三、单个事物的理智，它成为一切；因为在两个极端之间有一个中间者是必要的，它是自然万物的真正的作用因，这作用因不仅具有外部的、而且具有内部的性质①。

① 布鲁诺认为：存在着“世界灵魂”，它具有真正作用因的性质，而且，不是从外部而是从内部起作用，也就是说，实质上，布鲁诺在他的自然观中消除了上帝。“世界灵魂”没有意识，并且不具有个性。由此可见，他的学说不仅具有唯物主义的性质，而且具有无神论的性质。

狄:现在我很想知道一下,当您把它作为外因来理解时和当您把它作为内因来理解时,这二者有何不同?

泰:我称它为外因,是因为它作为作用因,不是复合的、被产生的事 205
物的一部分。它所以是内因,是因为它不是加作用于物质之上,也不是在物质之外起作用,而是像刚才所说的那样起作用。所以,就它的存在(不同于它的产物的实体和实质)而言,它是外因,因为它的存在不同于产生着和消灭着的事物的存在,尽管它也在它们之中起作用;就它活动的方式方法说,它是内因。

狄:我觉得,关于作用因您已经讲得非常充分了。现在我希望能够知道,您所说的形式因是什么。按照您的见解,形式因是与作用因相联系的;这也许是个观念性的概念(идеальное понятие)吧? 因为,凡按照理智的原则进行活动的作用者,只有遵照一定的意图才能产生出效果;而意图是以预先对某物有所想象为前提的;而这无非就是将要被生产的事物的形式。

因此,这个理智——它具有生产一切品种的能力,并能以绝妙的结构使它们从物质的可能性变为现实——必然是按照一定的形式概念事先来设想所有的品种,没有形式概念,作用者便没法进行活动,这好像一位雕刻家不事先在头脑里设想出种种的形式,便不能创作出种种的雕像一样。

泰:这一点您理解得妙极啦。因为,我正是认为有必要把形式区分为两种:一种形式是原因,但已经不是作用因了,而是作用因通过它起作用的东西,另一种形式是本原,它被作用因唤起进行活动并处于物质之中。

狄:作用者为自己规定的目的和终极原因,是宇宙的完善;宇宙的

206 完善就在于:在物质的种种不同的部分中,一切形式都具有实际的存在。对于这个目的,理智非常欣赏、非常感兴趣,以致它从不知疲倦地从物质中引出一切种类的形式,恩培多克勒仿佛也是这样认为的。

泰:完全正确。我再补充一句:就像这个作用因在宇宙中具有普遍的性质、在宇宙的各个部分和肢体中具有特殊的和特别的性质那样,它的形式和它的目的也同样具有这种性质。

狄:好,关于原因已经谈的够多了;现在让我们谈论谈论本原吧。

泰:为了进一步谈到事物的主要本原,首先我想谈谈形式,因为形式在某种意义上是跟上述的作用因一样的;因为,理智作为世界灵魂的一种能力,已经被称作自然万物的最近的作用因了。

狄:但是,同一个主体怎能既是自然万物的本原、又是自然万物的原因呢?它怎能既是个内在的部分、同时又是个外在的部分呢?

泰:我说这是完全可以接受的,如果注意到:灵魂处于身体之中,就像舵手处在船上一样。由于舵手随船一起运动,所以他是船的一部分;可是,如果从他的操纵和驾驶来看,则不应把他理解为船的一部分,而应把他看作独立的作用者。宇宙灵魂也是这样,由于它赋予灵魂并提供形式,所以它是宇宙的内在部分和形式部分;但是,作为推动者和管理者,它不是部分,不具有本原的意义,而具有原因的意义。

在这点上亚里士多德本人跟我们是一致的;虽说他否认,
207 灵魂之于身体犹舵手之于船,可是,考虑到灵魂的认识与理解的能力,他毕竟不敢称它为身体的作用和形式;而是说,这是一种来自外面的东西,就它的存在说,是跟成分分离的,犹如一个作用者，就其存在而说，是跟质料分离的一样。

狄：我同意您所说的。因为，如果我们灵魂的理智能力可以是离开身体的存在，如果它具有作用因的意义的话，那么，关于世界灵魂尤需这样断定；因为普罗提诺在他的反对诺斯提教派[1]的著述中曾说，**世界灵魂支配宇宙，要比我们的灵魂支配我们的身体容易得多**，因为两者在支配的方式上有很大的差别。一个是不受拘束地、以这样的方式支配着世界，它本身不受它所支配的东西束缚，它不因他物而遭受变化，也不同他物一起遭受什么，它不用费力就可升到崇高的东西；当它给予躯体以生命和完美时，它并不从那躯体获致任何的不完美，因此它是永远跟同一个主体系在一起的。

至于人的灵魂，很明显，则是处于相反的情况。因之，如果按照您的原则，处于低级自然物之中的完美，应在更高的程度上归因于更崇高的自然物，并在其中被认识，那么，毫无疑问，我们就应该肯定您所找出的那个差别。

这一点不仅为世界灵魂所证实，而且也为每一个星体所证实，像上述那位哲学家所认为的那样，他说，它们都能够直观上帝、万物的本原以及宇宙一切部分的秩序；他还认为，这并不是借助于记忆、推理和思考进行的，因为它们的每一行为都是永恒的行为，对于它们说，没有任何行动是新的，所以，凡是它们
所作的，都符合于全体，而且作得完美并有一定的预先规定好 208

① 诺斯提教派（Гностик），随同奴隶社会的崩溃而发展起来的颓废思想潮流之一。2—3 世纪时，诺斯提教在近东各国流传很广，它以关于“知”的神秘学说为基础，认为“知”是一种特别知识，仿佛它可以揭露“存在”的秘密和拯救灵魂的途径。——译者

的秩序，无须运用思考。

亚里士多德也曾举过完美的作家和琴师的例子来说明这一点，他认为，从自然不思不想这一事实不应得出结论说：自然在活动时没有理智和终极的意向；因为高超的音乐家和作家对于他们所创作的东西是不大思考的，然而他们并不像粗笨之人那样动辄致误，而粗笨之人虽前思后虑，可是做出来的作品仍然有欠完美，而且难免谬误。

泰：您理解得完全正确，现在让我们更细致地谈一谈吧。我觉得，谁不想理解、谁不想断定世界及其肢体都是赋有生机的，谁就是贬损第一本原的这个伟大机体和影像的神圣的良善与卓绝；上帝怎能会嫉妒自己的形象呢？建筑师怎能会不喜欢自己的作品呢？关于它，柏拉图曾说，它喜爱自己的创造，因为其中反映着它自己的形象。对于神的眼睛说，有什么东西会比这个宇宙更为美丽呢？而且既然它是由自己的众多部分组成的，那么，其中哪一个部分应比形式本原得到更高的评价呢？除了这个论题法式的或逻辑的根据外，我还保留有上千个自然的根据，以便作更好更深入的论证。

狄：我觉得您没有必要在这方面费神，因为，但凡知名一点的哲学家，甚至是逍遥派的哲学家，都不会否认：世界及其众天体都是以一定的方式赋有生机的[①]。现在我很想知道，依您看，这个

---

① 亚里士多德在一系列著作中，阐发了万物有灵的思想。他把众星座和自然势力称作赋有生机的东西；在空气和风中有某种东西类似生命。他认为构成有机物的原因是分散在各处的热，这热具有灵魂的性质。地球经历着一个独特的生命周期——从幼年到老年。自然处在发展的过程中，从无生走向有生。

形式是怎样进入宇宙的物质中去的呢？

泰：它是这样地加入宇宙物质的：物体的自然，本身并不美，但具有
这种能力，能成为美的参与者，因为，凡美，莫不以某种状态或 209
形式表现出来，凡形式，莫不从灵魂派生。

狄：我仿佛是听到一件十分新鲜的事情。那么，您是否认为，不仅宇宙的形式，而且自然万物的所有形式，都是灵魂？

泰：是的。

狄：那么说，万物都是有生机的了？

泰：是的。

狄：但是谁会同意这种说法呢？

泰：但是谁会有根有据地推翻这种说法呢？

狄：根据一般的见解，并不是所有的东西都是有生命的。

泰：更一般的见解并不就是更正确的见解。

狄：我乐于相信这是可以辩护的，但是，要使某某为真理，它仅可以辩护是不够的，为此，它还必须是可以证明的。

泰：这并不难。难道没有哲学家认为世界是有生机的么？

狄：这样的哲学家当然很多，而且都是第一流的。

泰：那么为什么他们不能说世界的所有部分都是有生机的呢？

狄：他们当然是这样说的，不过，他们指的是最主要的部分，是世界的真实的部分，因为他们主张：灵魂整个地处于整个世界之中和整个地处于它的任一部分之中，其理由不亚于下面一个主张的理由：我们的感官可感知的有生物的灵魂是整个地处于整个机体之中。

泰：那么依您看，什么东西是世界的非真实的部分呢？

狄:那就是,像逍遥派所说的那样,凡不是太初物体者;所谓太初物体,也就是土与水以及其他部分,按照您的主张,这些东西构成
210 有生机的整体——月亮、太阳以及其他天体;除这些主要的有生机者之外,还有一些不是宇宙的太初部分;其中有些具有植物灵魂,有些具有感觉灵魂,有些具有理智灵魂。

泰:那么,既然灵魂由于处在全部中,因而也处于部分中,那为什么您不能认为它也处在部分的部分中呢?

狄:我可以这样认为,不过,是处在有生机事物的部分的部分中。

泰:那些没有生机或者不是有生机物体的部分的东西是什么呢?

狄:难道您没看到,其中的一些不就在我们眼前么?凡没有生命的一切事物皆是。

泰:而不具有生命、或者至少不具有生命本原的东西是什么呢?

狄:这么说,您认为,没有不具有灵魂的东西,或者说,至少没有不具有生命本原的东西?

泰:对了,归根到底这正是我所主张的。

波:这么说,僵死的物体有灵魂了。因之我的鞋、我的拖鞋、我的靴子、我的马刺、我的戒指和我的手套都是有生机的?我的上衣和我的外套也有生机?

格:是的,先生,是的,波里尼大师,为什么不是呢?我完全相信,你的上衣和你的外套,当包着像你这么一个动物时,当然是有生机的;靴子和马刺当穿在脚上时是有生机的;帽子套住脑袋时是有生机的,因为脑袋不是没有灵魂的;当马厩里有马、骡子和阁下本人在时,马厩也是有生机的!您不是这样理解的么,泰奥非?您不觉得对于这一点我比 dominus magister(大师先

生)理解得强么?

波:Cuium pecus(谁家的畜生)? 仿佛在驴子当中碰不到精明 eti-
am atque etiam(而又)精明的驴子似的。你这个乳臭未干的小 211
子,你这个斗大的字认不到三升的家伙,怎敢跟我——这个学识渊博的上流学者、米涅瓦学园的领导人相提并论?

格:Pax vobis,domine magister,servus servorum et scabellum pedum tuorum.(请您息怒,大师先生,我是您仆人的仆人,是您脚下的踏脚板。)

波:Maledicat te deus in saecula saeculorum(愿上帝永远诅咒你)!

狄:不要发怒! 让我们结束这些东西的争论吧。

波:Prosequatur ergo sua dogmata theophilus(好,现在让泰奥非继续谈他的主张)!

泰:好,我来谈。我认为,桌子作为桌子,并不是有生机的,衣裳作为衣裳、皮革作为皮革、玻璃作为玻璃,都不是有生机的;但是,它们作为自然物和组合物,都包含着物质和形式。一个东西,不管怎样纤小、怎样微不足道,其中总有精神实体的部分,这种精神实体,只要找到合适的主体,便力图成为植物,成为动物,并受理任何一个物体的肢体,这就是通常所说的有了生机。因为精神处于万有之中,任何一个最最微小的物体,都不能不包含着成为有生机之物的可能性。

波:Ergo quidquid est,animal est(那么说,凡存在者皆是有生机的了)。

泰:并不是所有具有灵魂的东西都可叫做有生机的。

狄:那么,至少一切事物都具有生命了?

泰：我承认，万物在自身中有灵魂，并具有生命，但这是按照实体来说的，而不是按照一切逍遥派和那些以某种极端粗陋的根据给生命与灵魂下定义的人们所规定的作用与活动来说的。

狄：我觉着，您的话在某种程度上近乎真确；照这种说法，人们可以赞成阿那克萨哥拉的见解，他认为：任何一物都处在任何一物
212 之中，因为精神、或灵魂、或普遍形式，处在万物之中，而且从一切可以产生一切。

泰：我说的不是近乎真确，而是真理性的东西，因为这个精神处于一切事物之中，这些事物如果不是活的，便是有生机的；如果它们按可感知的存在说不具有生机和生命，那么，按照本原和某种太初作用说，它们仍是具有生机和生命的。我不准备多说了，因为在这种场合我不想谈论许多钻石与宝石的属性；它们被琢磨得晶莹剔透、被栩栩如生地镶嵌于框框之中，便具有某种能力，使精神高尚，并且，不仅在肉体中，而且还能在灵魂中唤起新的情操与热情。我们知道，诸如此类的效果不是出自、也不能出自纯物质的特性，它们必然与象征性的生命本原和灵魂本原有关；此外，我们也可以凭感官从干枯的草和根中看到同样的情形：它们纯化汁液，聚集汁液，改变液体，就必然表露出生命的特征。

我撇开不谈这样一件事实：招魂卜卦者希望用死人的骨头[①]做出许多事情，这并不是没有原因的；他们认为，这些骨头

① 布鲁诺对当时的许多迷信都是赞同的。他很尊重地谈论手相术、招魂卜卦和占星术；他相信宝石具有惊人的属性。

如若不是保持着原有的生命作用，那也是保持着这种或那种生命作用，它们在某种场合下能生出奇异的效果。我将有机会更详细地谈论精神、灵魂、生命、理智，它渗透一切，处于一切之中，并导致全部物质运动，充满物质的怀抱，并且，与其说物质胜过它，不如说它胜过物质，与其说物质超越于它，不如说它超越于物质，因为，精神的实体是不能被物质的实体制胜的，倒是前者为后者设定界限。

狄：我觉得，这不仅符合毕达哥拉斯的思想，一位诗人在下列诗句中所说的，就是毕达哥拉斯见解的复述：

Principio caelum ac terras camposque liquentes 213
lucentemque globum lunae Titaniaque astra
spiritus intus alit, totamque infusa per artus
mens agitat molem totoque se corpore miscet

（太初，苍天、大地与万顷涟漪，
以及那圆月的光华、泰坦神的明辉，
在内部都有一个精神养育，
理智，充溢各个肢体，
促使巨物蠢动，
与宏伟的整体交融一起）[①]。

而且也符合神学家的思想，他说：精神充溢大地，塞满大地，它蕴涵着一切。而另一位神学家，可能是在谈到形式跟物质与可能性的关系时，说道：行动与形式胜过后者。

① 维其略：《伊尼特》，第6卷，第723—726页。

泰:那么,既然精神、灵魂、生命处于万物之中,并按照一定的程度充满全部物质,因之,完全可以相信,它才是万物的真正现实,是万物的真正形式。所以,世界灵魂——这乃是宇宙以及宇宙万物的起形成作用的形式本原。我认为,既然生命处在万物之中,那么,灵魂必然是万物的形式;它在一切之中操纵着物质,并在一切复合物中占支配地位,它造成诸部分的组合与一致。因此,适用于物质的那种永恒性也同样适用于这种形式。

依我看,这形式是万物中的太一。它按照物质的不同的感受性,按照能动的与被动的物质本原[①]的能力,造成各种不同的形体和生出各种不同的能力,有时候表露出没有感觉的生命活动,有时候表露出没有理智的生命和感觉活动;有时候似乎还有这样的情形:它的全部能力或由于物质的软弱无力、或由于物质的其他缺欠而被压抑、被遏制。因此,这个形式当改变处所、变换情况时,是不可能被消灭的,因为,精神实体,其永恒性并不比物质实体的差一些。因之,改变的和消灭的只是一些外在的形式,因为它们不是物,而只是归属于物的,不是实体,而只是实体的偶性和境遇。

波:Non entia,sed entium(不是实质,而是属于实质的)。

214 狄:的确,如果实体性的东西可以被消灭的话,那么世界也会消失的。

泰:由此可见,我们有一个内在的本原,它是形式的、永恒的和本质的,较之诡辩派所杜撰的,无可比拟地优越。诡辩派只知玩弄

① 能动的物质本原指热与冷,被动的物质本原指湿与干。

偶性，不懂事物的实体，结果，认为实体可以消灭，因为，他们所谓的实体，经常地、首先地和主要地是指那种从组合产生的东西；而这无非是偶性，不包含任何的稳定性与真理，并可分解为无。

他们说，真正意义上的人是那从组合中产生者，真正意义上的灵魂是那活体的完美和现实，或者是那从结构和肢体的某种匀称性产生的东西。由此，就难怪他们弄得人们在死亡面前惶恐不安了，而且他们自己也很害怕死亡和破灭，就像眼看要从存在中被勾销似的。与这种癫狂相反，大自然高声疾呼地向我们保证：无论灵魂、无论肉体，都不必畏惧死亡，因为，物质也好，形式也好，都是最最永恒的本原。

O genus attonitum gelidae formidine mortis!
Quid Styga, quid tenebras et nomina vana timetis,
materiem vatum, falsique pericula mundi?
Corpora sive rogus flamma, seu tabe vetustas
abstulerit, mala posse pati non ulla putetis.
Morte carent animae, semperque priore relicta
sede novis domibus vivunt habitantque receptac
Omnia mutantur, nihil interit. ①

（被死亡的冰冷恐怖
　吓惊了的众生啊！

① 奥维得，普布利·纳庄（纪元前43年—纪元17年）：《变形记》，第15卷，153—159；165。

你们为什么害怕
　冥河、阴暗和空洞的名称呢?
这些只是诗人的幻想
　和虚假世界的危险!
即使火葬的柴堆用火焰,
　或年迈龙钟用衰朽
消灭肉体,那你们也不要认为
　对它会有什么损害。
灵魂是不知道死的,
　而且总是离开了原先的住所,
又另觅一处,
　搬进去、居住下来。
万物都在变化,
　但是什么也不会灭亡。)

狄:我觉得,这同所罗门[①]的见解是一致的,他曾被希伯来人推崇为最智慧的人,他说:Quid est,quod est? ipsum,quod fuit. Quid est,quod fuit? ipsum,quod est. Nihil sub sole novum(现在所有的是什么?那就是过去曾经有过的。过去曾经有过的是什么?那就是现在所有的。普天之下没有任何东西是新的)。所以,您所说的这个形式,按其存在说,既不是存在于物质之中,也不
215 是附属于物质;它的存留是不依躯体和物质为转移的。

① Соломон 纪元前约960—前935年以色列和犹太联合王国的国王;传说中把他说成是一个极聪明的人,并把许多圣经文学作品说成是他的著作。——译者

泰:是这样。此外,我还不能断定是否全部形式都伴随以物质。而关于物质,我已经确信不疑地认定:它的任何一个部分实际上都不能避开形式,只要你不像亚里士多德那样把它加以纯逻辑的规定。亚里士多德一直是不知厌倦地凭借智力把那种按照本性和真理来说不可分离的东西加以分离[1]。

狄:除了这个永恒伴随物质的形式以外,您是否认为还有另一种形式存在?

泰:是的,还有一种更加自然的形式,这就是物质形式,关于它,我们以后将要谈到。现在先注意形式的下述区分。首先,是这么一种形式,它是起形成作用的、扩展于空间的、依属于物质的。由于它形成全部,所以它处在全部之中;由于它扩展于空间,所以它将整体的完善传递给部分;由于它是依属的,自身不起作用,所以它把整体的作用、以至整体的名称和存在都传递给部分。物质形式,例如火的形式,就是这样的。因为火的任何部分都发热,被称作火,并且是火。

其次,是另一种形式,它是起形成作用的、依属的,但是不扩展于空间;这种形式在使整体完善和实现整体时,处于整体和它的任何部分之中;由于它不扩展于空间,结果,它不能把整体的现实性传递给部分;但是由于它是依属的,所以它把整体的作用传递给部分。植物灵魂与感觉灵魂就是这样的,因为,动物的任何部分都不是动物,但它的每一部分都是活的、有感

① 在布鲁诺的"世界灵魂"中,物质与形式是不可分割地联系在一起的,他反对亚里士多德的这个学说:最高形式在自身中排除一切物质的东西。

觉的。

第三，是又一种形式，它实现并作成整体，但是不占据空间，也不依属于自身的活动。由于它实现和作成，所以处于全部之中和任何部分之中；由于它不占据空间，所以整体的完善不能分与部分；由于它不是依属的，所以不传递作用。灵魂就是这样的，由于它能唤起理智的职能，故它叫做理智灵魂；它不能构成人的这样一个部分，这个部分可以叫做人、是人，并可以说是具有理性的。

216

这三种形式中，第一种是物质形式，它没有物质是不可理解的，没有物质是不能存在的；另外两种（它们，按实体和存在说，归根到底是一个，而按照上述的方法看是有区分的），标示着与物质本原不同的形式本原[①]。

狄：我明白了。

泰：此外，我希望你能注意，虽说按照通常的说法，我们也讲有五种形式，即基本的、混合的、植物的、感觉的和理智的，但是我们并不对此作庸俗的了解，因为，这种区分，只是按照在具体事物中显现和发生的那些作用说，才是有效的，而不是就那种形式或精神生活的原初基本存在而言的，那种形式或精神生活充满万

① 布鲁诺区别下述几种形式：1. 具有广延性的形式；它的各个部分具有整体的全部属性；在无机界，情形就是这样；2. 依属于物质、但不具有广延性的形式；它的诸部分不像整体，但每一部分按其特有的本性说，都促进整体的活动；构成有机体生命本原的形式就是这样的；3. 不依属于物质的形式；它的诸部分不仅不像整体，而且无论在何种意义上都不促进整体的活动；理性就是这样的。就这种划分而论，布鲁诺接近亚里士多德，因为亚里士多德曾区分元素或自然，《同素体》（гомеомерии，即具有相同部分的物体），有机体和理性，而且有时候自然（стихии）也被归属于同素体。

物,但方式各不相同。

狄:我懂啦。您视为本原的这个形式,乃是实质性的形式,它构成一个完满的类,存在于自身的种之中,而不是像逍遥派所说的形式那样,是类的一部分。

泰:正是这样。

狄:物质中的诸形式,不是按照以物质形式为转移的偶然属性来区分的。

泰:对。

狄:因此,那个特别提出来的形式也不能在数量上增殖,因为,任何数量上的增殖都依赖于物质。

泰:确乎如此。 217

狄:此外,它虽本身无变化,但可通过具体的事物和不同的物质而变异。而且这种形式,尽管在单个对象中使部分有别于整体,但它本身在部分中和在整体中是没有区别的;虽说它作为自为的存在具有一种含义,但由于它是任一对象的现实和完善,而具有另一种含义;按照以某种方式配置起来的对象说,它具有一种含义,按照以另种方式配置起来的对象说,它则又有另一种含义。

泰:一点不错。

狄:您不把这个形式了解为偶然的或类似偶然的东西,既不了解为与物质混合的、也不了解为外加于物质的,而是了解为存在于物质内部、与物质紧密联系、内在于物质的东西。

泰:我是这样主张的。

狄:此外,这形式被物质所规定、所限制,因为,它虽在自身内部具有一种能力、能形成无数种类的个性，但它只限于形成一个个体；可是在另一方面，能够承受任何形式的、无限制的物质，其能力却集中于一个种类；所以，一方乃是规定和限制另一方的原因。

泰：很好。

狄：那么说，您在某种意义上同意阿那克萨哥拉的见解，他把各个自然形式称为**隐蔽的**形式，在某种程度上同意柏拉图的见解，他从理念中引申出形式，在某种程度上同意恩培多克勒的见解，他认为形式出自理性，在某种程度上同意亚里士多德的见解[①]，他认为形式似乎肇源于物质的能力？

泰：是的，因为，如我们已经说过的，哪里有形式，哪里在某种程度
218 上就有一切；哪里有灵魂、精神、生命，哪里就有一切。因为观念上的形式和其多样性的创造者就是理智。即使理智不是从物质中引出形式，它也不是到物质之外去乞求形式，因为，这精神充满一切。

波：Velim scire quo modo forma est anima mundi ubique tota（我很想知道，作为世界灵魂的形式如何能整个地到处存在），如果它是不可分的话？所以，如果断言世界是无限的，那它也必定是很大很大，无边无际。

格：说它大，那是很有道理的。在西西里的格兰德佐，有一位传教士也曾这样谈论过我们的天父。为了表明天父存在于整个世

---

① 布鲁诺指出古希腊哲学家的、与自己的学说有血缘关系的特点，并称阿那克萨哥拉、恩培多克勒、柏拉图和亚里士多德为自己的前辈。其实，他的学说跟上述哲学家对世界的看法，有根本的不同，尤其不同于唯心主义者柏拉图的看法。

界之中,他叫人造了一个跟教堂一样大的、耶稣钉于十字架的受难像,以喻天父的音容,天父以最高天为华盖,以星宿天作宝座,它胫长及地,以大地为足凳。有一个农夫走来问他道:“我尊敬的神甫,要给天父做条裤子得多少尺布啊?”又有一个人走来说道:把梅拉佐和尼古西亚两地的豌豆、扁豆和蚕豆都拿来,恐怕也装不满它的肚子。可是你看,你的宇宙灵魂还不是这样的呢?

泰:我不知道如何解决你的疑难,格瓦西,不过波里尼先生的疑难,我可以很容易地解决。为了满足你们两人的请求,我还是用比喻来说吧,因为我希望,你们也能从我们的谈话和议论得到某些收获而离去。简单地说,你们应该知道,世界灵魂和神性整个地存在于一切之中和任何部分之中,其方式并不像某一物质的存在方式那样,因为,对于任何物体和任何精神说,这是不可能的;世界灵魂和神性是以这种方式存在的,这种方式除了用下述方法外,不容易向你们讲清楚,那就是:你们必须注意到,说世界灵魂和普遍形式存在于一切之中,这并不能理解为在形体方面和在空间方面如此,因为它们并不是这样的,如果是这样的话,那它们便不可能存在于任一部分之中了;而是说它们 219
以精神的方式整个地处于一切之中。譬如,说得粗俗些,你们可以设想一下声音,它整个地处于全屋和屋的每一部分之中,因为无论从哪里都可以全部听到它;比如我说的这些话,大家都可以全部听到,哪怕有一千人在;假定我的声音可以扩大到全世界,那么它便是整个地处于一切之中。因之,我向您说,波里尼先生,灵魂并不是像点那样不可分,而是在某种程度上像

声音那样不可分。我也答复你，格瓦西，神性处于一切之中，并不像格兰德佐的神处在整个教堂中那样，因为，后者虽说是处在整个教堂中，但并不是整个地处处存在，而是头在一处，脚在一处，手和胸又各在一处。但是，神性则是整个地处于任一部分之中，正像我的声音可以从这个讲堂的任一部分完全听到一样。

波：Percipi optime（我完全领会了）。

格：我也感到你的声音了。

狄：至于说听到了声音，我是相信的；至于谈论的内容，恐怕是从这只耳朵进去，从那只耳朵又出来了吧。

格：我觉得它根本就没有进去，因为已经为时不早，我的肚里已敲起晚饭钟了！

波：Hoc est，id est（那就是说），你的脑子在惦记着 in patinis（吃东西）。

狄：也好，谈得够了。我们明天再聚会吧，明天也许谈物质本原。

泰：我等你们，或者你们等我，就在这个地方。

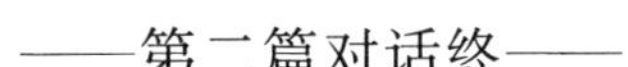

——第二篇对话终——

第三篇对话 220

格：时间已经到了，可他们还没来。我既然没啥事好做，来听听他们的议论，也好打发我的时间。从他们身上，我可以学上几招哲学象棋，而且，由于波里尼那位腐儒满脑袋蛐蛐[1]叫唤，我还可以乐乐呵呵地消遣一番。他公然宣布说：他来是想评判一下，谁说得对，谁议论得好，谁在哲学上自相矛盾，漏洞百出；然后当轮到他发表高见的时候，既不知从哪儿讲起，于是便从他那迂腐的肚子中信口抡出一大堆什么箴言啦、警语啦。又是拉丁文的，又是希腊文的。可这些东西，刚好跟别人所讲的驴唇不对马嘴。因此，就是个瞎子也可以毫不费力地看到，他虽学识渊博，却是多么的愚蠢，而其他的人，虽平平常常，却又是多么的智慧。嘿，说真的，那不就是他么？你瞧他走着那模样，甚至那脚步，那每一抬腿，都满是学者派头，dominus magister（大师先生），欢迎您！

波：对于这个“大师”，我不感兴趣，因为在我们这个世风日下、伦常
败坏的时代里，不仅像我这样的人可以得到这种称呼，就连那 221
剃头的、阉猪的、粗工杂役都可以得到。所以，有一句格言说得

① 按指离奇古怪的想法。

好，Nolite vocari Rabbi(勿以人师自居)!

格：那么应该怎样称呼您呢？您喜欢“最尊敬的父亲”么？

波：Illud est presbyterale et clericum(这是对神甫和教权人物的称呼)。

格：“最煊赫的”合适否？

波：Cedant arma togae(化干戈为玉帛吧)[①]！这种称呼更适合于骑士和宫廷内侍。

格：“帝王陛下”如何？

波：Quae Caesaris，Caesari(把属于恺撒的东西还给恺撒吧)。

格：那么，除开雷神和 divum pater(天父)的称呼，就接受 domine(先生)吧。不过，还是谈谈我们自己吧；为什么你们都来得这么晚呢？

波：我想着，别人也都跟我一样，有点别的什么事要做，所以，为了不让这一天的时间有一段虚度过去，刚才我研究了地球仪，即俗人所说的地球两半球图。

格：看地球两半球图干什么呀？

波：我观察了地球的各大洲、气候、各个地区和国家；这些地方我在观念的表象中都漫游过，其中许多地方，事实上也是我的足迹所到过的地方。

格：我倒希望你什么时候能考虑考虑你自己，因为我觉得，这对于你更重要些，而且我相信，关于这一点你是很少关心的。

波：Absit verbo individia(但愿你话中不寓恶意)；我正在通过这条

① 这一句直译为：“让甲胄让位给托加(古罗马人的男长衣)吧”。——译者

途径极有成效地走向对自己的认识。

格:你怎样使我相信这一点呢?

波:这样:从对大宇宙的观察,necessaria deductione facta a simili(作出必要的类比推论),便可很容易地走到对小宇宙的认识, 222
小宇宙的各部分相当于大宇宙的各部分。

格:那么说,我们将能从你身上找到月球、水星和其他星球,以至法兰西、西班牙、意大利、英格兰、加尔各答以及其他国家了?

波:Quidni? per quandam analogiam(根据某种类比)为什么不可能呢?

格:Per quandam analogie(根据某种类比),我觉得您是一个伟大的国王。假使您是个女人的话,那我不禁要问,您那里面能否放进去一个小伙子或第欧根尼[①]所说的某种植物?

波:Ah,ah,quodammodo facete(啊哈,你可真有点意思)! 不过这话对圣人和学者说是不适宜的。

格:假使我是个圣人并认为自己是个学者的话,那我会看不出,跟你们在一起有什么可学的。

波:你,当然是来学习的,而我来,可不是为了学习,因为,nunc meum est,docere;mea quogue interest eos,qui docere volunt,iudicare(我的事情是教导,对于那些想教导人的人加以评判,在我也是重要的);所以我跟你来,目的并不一样,你,应该说,还是一个蒙童,刚刚迈步,还是一个小学生。

格:您是为了什么目的?

---

① 指西诺布的第欧根尼(约纪元前 404—前 323)。——译者

波：是为了评判，我说。

格：的确，像您这样的人完全适合于、而且比别人更加适合于对科学和学说作评判；因为你们是那样一些绝无仅有的人，对你们，众星之恩惠、命运之慷慨赐予了从言辞之中榨取汁液的能力。

波：因而，也是从那些结合于言辞的种种含义之中。

格：就像灵魂结合于肉体那样。

波：如果能够很好地了解言辞，也就有可能正确地掌握含义；所以，认识了语言（在这方面，我比本城任何人都更有经验，我认为我
223 不亚于任何一位在米涅瓦公开讲哲学的人），也就能导致对任何科学的认识。

格：那么说，凡懂意大利语的人，都可以懂得诺拉人的哲学了？

波：是的，不过，此外还需要一定的锻炼和判断能力。

格：我往往这样认为：这个实践是主要的；因为，有些人不懂希腊语言，却能了解亚里士多德的整个学说，并能辨识其中的许多错误。十分明显，人们对这位哲学权威的顶礼膜拜（特别是当涉及自然事物时），便被那些懂得另一派学说的人们完全消灭了；有些人既不懂希腊文、阿拉伯文，可能也不懂拉丁文，像帕拉塞尔苏斯[①]那样，但却比格林[②]、阿维森纳[③]和所有讲拉丁文的人能更好地认识医药的性能。哲学和法学之趋于凋敝，并不是由

① Филипп Теофраст Парацельс（1493—1541）——德国医学革新者，他在自己的著作中强调他“没有教养”；而当时所谓“教养”，就是指能对希波革拉第、格林或阿维森纳等人作注释。

② 格林（Гален，131—201）古希腊药书著作家和哲学家。

③ 阿维森纳（Ибн-сина，980—1037）著名的哲学家和医药书籍著作家，生活在中亚细亚，他的著作是用阿拉伯文写的。

于缺少字句的注释者，而是由于缺少深思的人。

波：所以，你把我列入愚人之群？

格：这是违反神的意志的！因为我知道，由于通晓语言和从事语言的研究（这确是罕有而卓绝的事业），不仅您，而且所有像您这样的人，都是极世之宝，最适于在审核了那些倡导新说之人的见解后，对他们的学说作出评判。

波：由于你说得完全正确，所以我可以很容易地相信：你讲这些不是没有根据的；如果找出这种根据对你来说没甚困难，也许你将不认为这对于你是种不便。

格：由于我想一劳永逸地道出您的智慧过人和学问深湛，我想说出
下面的话来。常言说：当局者迷，旁观者清。譬如在戏院里，台 224
下的观众可以比台上的演员更好地评判每一情节；能够对音乐提出最恰当的评判的，是那些没有参加合唱团或音乐演奏的人；在打牌、下棋、击剑等场合，情形也是这样。您以及其他的夫子先生们，也是如此；因为，你们，无论从哪方面看，都跟科学和哲学毫不相干，跟亚里士多德、柏拉图以及与之相似的人们没有、也从未有过任何的关系，你们能凭借你们在语法方面的自负精神和你们本性上的自以为是的态度，比那位诺拉人更好地评判他们、谴责他们，而那诺拉人则是处在那戏院里，像处在自己的屋里、自己的家里一样，所以在知道了他们的内情和底细之后，就能够很容易地击败他们。我相信，您既与出类拔萃的才杰毫不相干，您一定能更好地评判他们。

波：我很难一下子回答这个厚颜无耻之徒。Vox faucibus haesit（我的声音卡在嗓子里了）。

格:这就是为什么像你们这样的人较之那有些才能的人都更为骄矜的缘故。因此,我请您相信,你们完全有资格窃取这样的权利:时而赞许、时而责骂,时而又另加注释,在这儿核比、对照一番,在那儿又补充、添加一通。

波:这个不学无术的家伙想得出这样的结论:既然我在人文科学方面阅历有素,所以我在哲学上无知。

格:最最有学问的波里尼先生,我向您说,即使您掌握了所有的语言,像我们的传教士所说的那样,所有的 72 种……

波:Cum dimidia(72 种半)……

格:……那么由此不仅不能得出:您能够对哲学作出评判,而且,除
225 此之外,您还不能不仍然是一切具有人形的动物中的最拙劣的蠢货。其次,有些人只勉勉强强掌握一种语言,而且不是纯粹的、而是混杂的语言,但并不妨成为全世界最聪明、最有学问的人。您想想,像这样的两个人有什么用处:一个是法国的老夫子[①],著有《自由艺术评注》和《反对亚里士多德》,另一个是意大利人,夫子当中的废料[②],他的《逍遥派的争论》可糟蹋了不少的稿纸。每一个人都可以很容易地看出,前者以雄辩的事例

---

① 指比埃尔·德·拉·拉穆斯(拉梅)(1515—1572),在他的逻辑学著作中曾反对亚里士多德,这些著作受到人文主义者很高的评价,他在英国的追随者曾为反对布鲁诺及其拥护者进行了斗争。

② 指弗兰西斯哥·帕特里茨(1529—1597)。他在《逍遥派的争论》一书中捍卫唯心主义,反对唯物主义,并力图证明:凡是好的东西,都是亚里士多德从柏拉图那里剽窃来的,凡是不好的东西,则是亚里士多德自己的。帕特里茨在他的主要著作《宇宙新哲学》(1591)一书中,宣传宇宙有灵论的思想,并接纳哥白尼的学说。布鲁诺当时不知道他的这部著作,因为从 1592 年起,他就被关在"至圣"宗教裁判所的监狱中了。

表明：他不太高明；而后者，简单地说，则表明他身上有许多来自动物和来自驴子的东西。关于前者，我们还可以说，他懂得亚里士多德，但是懂得不好，假使他对亚里士多德理解得很好的话，也许他会想到，像最明智的、克森札的特勒肖[①]所做的那样，向亚里士多德进行光荣的斗争了。关于后者，我们可以说，好也罢，坏也罢，他根本不懂亚里士多德，不过他读过他的著作，翻阅过、解释过、分析过，并把他跟上千的希腊作者、跟他的朋友与敌人对比过；归根到底，他做了许许多多的工作，不过这些工作不仅没收任何效益，而且还大大的亏了本；所以，谁要想看看学究习气如何使人陷入愚蠢、傲慢与虚荣的深渊，那就请看看他的这部著作吧……嘿，泰奥非与狄克森他们来了。

波：Adeste felices，domini（欢迎，先生们）！由于你们的来临，对这个饶舌的无赖汉所信奉的空洞无谓的教条，我的怒火就不再发出问罪的凶凶雷电了。

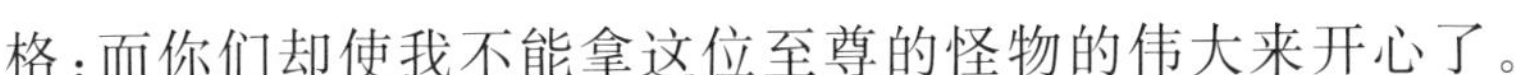

格：而你们却使我不能拿这位至尊的怪物的伟大来开心了。

狄：如果不发火，一切都会顺利的。

格：我所说的一切，都是闹着玩的，因为我很喜欢大师先生。

波：Ego quoque quod irascor，non serio irascor，quia Gervasium 226
non odi（我也是的，如果我对什么生气了，那并不是当真的生

① 倍尔那狄诺·特勒肖（1508—1588）的主要著作是《依照物体自身的原则论物体的本性》（1565—1586）。这部著作的头两卷于 1565 年在罗马出版，并为布鲁诺所知晓，当时他正在撰写他的《论原因、本原与太一》一书。特勒肖发展了感觉论和朴素唯物主义的观点：认为任何认识都应该从感性经验出发，因为纯粹的理性单靠自身的力量是不能认识自然的。灵魂是纤细的、活动的物质，但感觉能力不限于它才有，而是一切物质所固有的。

气，因为我跟格瓦西没仇没恨的)。

狄：很好。那么，让我跟泰奥非开始谈话吧。

泰：好吧。德谟克利特和伊壁鸠鲁学派，把一切无形体的东西看作无，并相应地认为：仅仅物质是事物的实体，并且也是神圣的自然，像某一位绰号叫做阿维采布隆的阿拉伯人[①]所说的那样，他曾在《生命的本源》一书中表明了这点。正是这些人，随同昔勒尼学派、昔尼克学派和斯多葛学派一起，认为：形式无非是物质的某种偶然的规定。我也曾长时间地附和这种见解，其唯一的原因是：他们的根据比亚里士多德的理由更加符合于自然。但是，经过更加成熟的思考，观察了更多的事物之后，我们发现，必须承认在自然界中有两种实体：一种是形式，一种是物质；因为，第一，必须有一个最高的实体性的作用，它包含着万物的积极的潜能；第二，还须有这么一种最高的潜能和基质，它包含着万物的消极的潜能。在前者中有"创造"的可能性，在后者中有"被创造"的可能性[②]。

狄：凡善于思考的人，都明白，只有经常存在着能够被造成一切的那种东西时，前者才有可能创造一切。如果没有具有空间大小或数量的基质、即物质，那不可分割的世界灵魂(我说的是整个形式)怎能进行造型的工作呢？物质怎能取得形式呢？也许，

① Авицэброн——实际上不是阿拉伯人，而是一个西班牙的犹太人，即所罗门·伊朋·格比洛利(11世纪后半叶)。他的主要著作是《生命的本源》。

② 布鲁诺在这里叙述了他的唯物主义世界观的发展过程。最初，他是德谟克利特和其他唯物主义者的信徒，他们认为，物质跟形式相反，仅仅物质才是万物的实体。后来，布鲁诺开始把物质加以区分：一种是与形式相对立的物质，一种是最高意义上的物质，它凌驾于物质与形式的这种对立之上。

是它自己取得的吧？显然，只有当我们把有形的宇宙整体看作物质，并把它叫做物质时，就像我们把动物及其全部能力不跟形式区别开来、而只跟作用因区别开来、并称它为物质时那样，227
那时，我们才能够断言，物质是通过自己取得形状的。

泰：谁也不能阻碍你按照你的方式去使用物质这一名称，同样，在许多学派那里，物质一词也各有不同的含义。不过，你所说的这种考察问题的方式，我确信，仅只最适合于那种从事实际工作的机械师或医生，例如，那位把整个宇宙体分成水银、盐和硫黄的人①。这种见解与其说揭明了医生的神妙才干，不如说揭明了那种想以哲学家自居的人们的惊人愚蠢。

哲学家的任务并不在于：仅仅对本原作这样的区分：即借助于火的力量以物理学上的分离法进行；而且还应该对本原作这样的区分：这种区分是靠任何物质的作用所从来不能达到的。因为，跟硫黄、水银和盐不可分离的灵魂，是形式性的本原，它不是具有物质属性的客体，而完全是物质的主宰。它不涉及化学家的活动，化学家对物质的分解止于上述三种东西，而且他们所了解的灵魂是一种与我们所要考察的世界灵魂不同的灵魂。

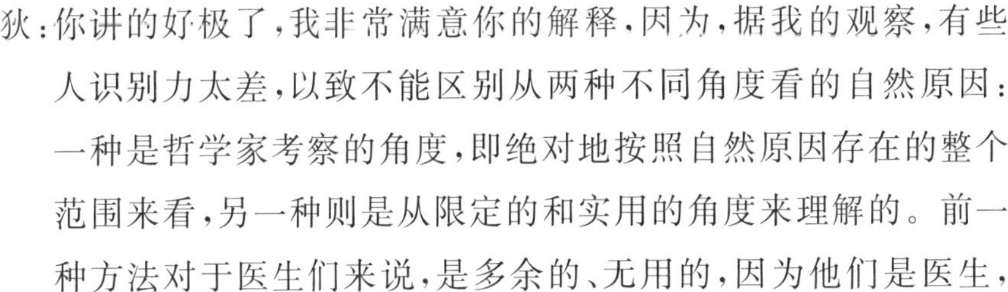

狄：你讲的好极了，我非常满意你的解释，因为，据我的观察，有些人识别力太差，以致不能区别从两种不同角度看的自然原因：一种是哲学家考察的角度，即绝对地按照自然原因存在的整个范围来看，另一种则是从限定的和实用的角度来理解的。前一种方法对于医生们来说，是多余的、无用的，因为他们是医生，

① 这里布鲁诺指的是帕拉塞尔劳斯，他曾宣称：物体分为盐、硫黄和水银，即汞。

后一种方法对于哲学家来说，则是不够的，非常狭隘的，因为他们是哲学家。

泰：您涉及这样一个问题，在这个问题上，研究医学哲学的帕拉塞尔苏斯值得赞许，而格林则应受斥责，因为格林钻研的是哲学
228 医学，他制造了如此恶劣的杂拌和如此紊乱的拼凑，以致使他成了一个不大出名的医生和极端混乱的哲学家。不过这样说他时应该作某些保留，因为我没有空暇时间对这个人作全面的考察。

格：泰奥非，请您首先让我这个在哲学上没啥经验的人得到满足吧！请您解释一下，您对“物质”一词是怎样理解的，**自然物之中的物质**究竟是什么东西？

泰：凡是想着辨别物质，并离开形式把物质单独加以考察的人，都是使用与技艺相比较的方法。毕达哥拉斯派、柏拉图派以及逍遥派都是这样做的。试以某种技艺为例，譬如木工技艺吧，就其所有的形式说，和就其全部工作说，它的对象总是木头；铁匠技艺的对象是铁，裁缝技艺的对象是布。所有这些技艺，都是在自己特用的物质上，产生出种种不同的造型、配置和形状，其中没有一种是物质自身所固有的。技艺与之相类似的自然也是如此，为了自身的活动，它也必须具有物质；因为，一个制造者想要制作某物，却没有用来制作某物的材料，一个作用者想要作用于某物，却没有作用的对象，那么这个作用者的存在是不可能的事。

所以，必然有这么一个对象，自然从它、用它、并在它之中发生自己的作用、进行自己的工作；而它则从自然取得呈现于

我们眼睛之前的纷繁多样的各种形式。就像木头本身没有任何技艺上的形式、而能借木匠之活动取得任何一种技艺上的形式那样，同样的，我们所说的物质，就其本身和就其本性说，也是没有任何天然的形式的，但是能够借助于自然的积极本原的活动，而取得任何一种形式。 229

这种自然的物质不能够像技艺物质那样被感知，因为自然的物质绝对没有任何形式；而技艺物质则是已被自然赋予形式的东西。再者，技艺只能在木头、铁、石头、毛料等这类被自然赋予了形式的东西的表面上进行制作；而自然则可以说是从自己的对象（或完全没有形式的物质）的中心进行制作的。所以，技艺的对象有许许多多，而自然的对象则只有一个；前者以不同的方式被自然赋予形式，故而各不相同，多种多样；后者则不以任何方式被赋予形式，故完全没有任何独特的特征，要知道，任何特异之点、任何多样性，都是从形式产生的。

格：那么说，被自然赋予形式的东西，是技艺物质，只有一种没有形式的东西才是自然物质？

泰：对，正是这样。

格：我们能不能像观察和认识技艺的对象那样清楚地认识自然的对象呢？

泰：当然能。不过须借助于另外一些认识原则。因为，就像我们不是用同一个感官去认识颜色和声音那样，同样的，我们也不是用同一只眼睛去观看技艺的对象和自然的对象。

格：您的意思是说：前者我们是用肉眼看，后者是用理性的眼睛看。

泰：完全正确。

格:那么请您解释一下这个理性。

泰:我很高兴这样做。技艺的形式同其物质的关系和相互关系,在一定的意义上,也就是自然的形式同其物质的那种关系和相互
230 关系。所以,如果就技艺而论,尽管形式可作无穷的变化(如果这是可能的话),但在这些形式之下总是保持着同一种物质,——譬如,木头的形式,先是树干的形式,而后是圆木的形式,而后是木板的形式,于是桌子,于是凳子,于是框子,于是梳子,等等,但**木头**依然是木头。就自然而论,情形也是这样。尽管各种形式变化无穷,更迭不已,但物质依然是那个物质。

格:如何进一步证实这种比拟呢?

泰:难道你没有看见过:那曾是种子的东西,变成了茎,从那曾是茎的东西,生出穗,从那曾是穗的东西,生出谷物,从谷物生出胃液,从胃液生出血液,从血液生出精子,从精子生出胚胎,从胚胎生出人,从人生出死尸,从死尸生出土,从土生出石头或其他东西,如此可以导致所有的自然形式。

格:我可以很容易地看到这些。

泰:因此,必然有一种依然如故的东西,它本身既不是石头、土、死尸、人、胚胎、血液,也不是别的什么;但是在它成了血液之后,可以变成胚胎,取得胚胎的存在;在它成了胚胎之后,可以取得人的存在,而变成人;就像那种被自然赋予形式并成为技艺之对象的东西,当它成了木料之后,便是木板并取得木板的存在;当它成了木板之后,便取得门的存在,并且是门。

格:这么一说,这一点我完全清楚了。不过我觉得,这个自然的对象不可能有形体或具有某种属性,因为,那在某种自然形式和

存在之下、或在另种形式和存在之下发生变化的东西，不像木头或石头那样从形体上表露出来；木头和石头总是使人能够看出它们在物质上是什么样的，或者说它们在任何形式之下，都 231
是具体地明朗地显露出来。

泰：你说得很好。

格：不过，要是向一个顽固的人讲述这种思想时，他硬不相信：在自然能够塑造的一切形式之下只有一种物质，就像在每一技艺能够塑造的一切形式之下只有一种物质那样，那时我该怎么办呢？因为，肉眼可见的东西，要否定是不可能的。但那只有理性才能看到的东西，要否定是可能的。

泰：把他赶走，或者不理他。

格：但是，如果他要死乞白赖地非要弄明白不可呢？或者，他是一个尊贵的人，与其说我能赶走他，倒不如说，他会赶走我的，并且他会因我不理他而老羞成怒？

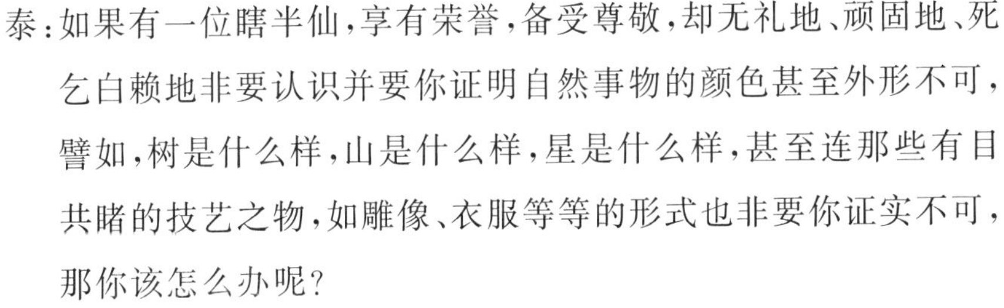

泰：如果有一位瞎半仙，享有荣誉，备受尊敬，却无礼地、顽固地、死乞白赖地非要认识并要你证明自然事物的颜色甚至外形不可，譬如，树是什么样，山是什么样，星是什么样，甚至连那些有目共睹的技艺之物，如雕像、衣服等等的形式也非要你证实不可，那你该怎么办呢？

格：那我会回答他说，假使他有眼睛的话，他就无须要求证明这一点，他自己就能看到的；但是，由于他是个瞎子，所以，甚至别人向他指明这一点，他也不可能看到。

泰：我可以用同样的方式回答那样一些人，如果他们有理智(интеллект)的话，在这方面他们就无须寻求别的什么证明，只需自己看看就行了。

格:这个回答也许会使他们感到羞惭,但别的人会认为这个回答太粗野了。

泰:在这种情况下,你可以婉转一点说:“我最尊贵的先生!”或者
232 说:“神圣的阁下!就像某些东西只有借助于手和触摸、另一些东西借助于听觉、另一些东西借助于味觉、另一些东西借助于眼睛才能弄明白那样,自然事物的这种物质,只有借助于理智才能弄明白。”

格:也许,他在识破了这个戏谑之后——因为它并不是深奥难测、不可理解的——,会对我说:“这是你自己没有理智,而我的理智比你这样的任何人都多。”

泰:你对他的相信,不要多于对这么一个瞎子的相信:他对你说,你才是瞎子,而他,比所有的人(这些人相信自己看得见,就像你相信自己看得见一样)都见得多。

狄:谈得够明确了,我从未听过这么清楚的阐释;这已足够说明“物质”一词究竟有什么含义、“自然物之中的物质”应作如何理解。毕达哥拉斯派的蒂迈欧[①]曾根据一种元素向另一种元素的转化,教人去发见那种隐蔽的、只有通过某种类比才能认识的物质。他说:哪里有过土的形式,然后在那里就会出现水的形式。就是在这里,也不能说:一种形式接纳了另种形式,因为,一个对立面是不能容许或接纳另一个对立面的,也就是说,干的东

① 这里布鲁诺指的是《论世界灵魂与自然》一书,该书被人误作洛克尔的毕达哥拉斯主义者蒂迈欧的作品。

西不能接纳湿的东西，或者说，干不能容湿，而是某种第三者把干逐出去，把湿接进来；这第三者也就是对立双方的体现者，不与双方中的任何一方相对立。

所以，如果不能认为土变成了无，那就应当肯定：在土中曾经有过的某物，在水中也保留了下来，根据同样道理，这某物，当水转化为空气（这是由于热的能力使它变为云雾和蒸汽）时，在空气中也将存留下来。

泰：使他们遗憾的是，从这里还可推出：任何东西都不会消灭，也不
会失去存在，所失去的只是偶然的、外在的和物质的形式。所 233
以，无论是物质，无论是每一个自然物的实体形式（即灵魂），都是不可破坏、不可消灭的，无论从哪个角度看，它们都丝毫不会丧失自己的存在。当然，它们既不是逍遥派所说的任何**实体形式**，也不是其他类似的哲学家所说的**实体形式**。这些人所说的实体形式，无非是偶性的某种组合和配置。他们所说的一切，除了他们的 materia prima（第一物质）外，无非是偶性、组合、属性的性质、定义的原则、对“某某”的关系。

有些可笑的、头脑机灵的、披着袈裟的形而上学者，由于他们宁愿原谅、也不愿指责他们的偶像——亚里士多德，于是便从这里臆造出人性、牛性、橄榄性来作为特殊的实体形式；这个人性，如苏格拉底性，这个牛性，这个马性，便是数的实体。

他们这样做，完全是为了给我们一个这样的实体形式，它应得到实体的称号，就像物质具有实体的称号和存在那样。可是，即令如此捏造，他们也未从中得到任何好处。因为，如果你按照顺序询问他们：苏格拉底的实体存在是什么？他们将回答

道：是苏格拉底性；如果你进一步问道：你们所说的苏格拉底性指何而言？他们回答道：指苏格拉底所特有的实体形式和特有的物质。我们且撇下这个作为物质的实体，那么请你们告诉我，作为形式的实体是什么呢？有人回答道：是它的灵魂。你又问道：这灵魂是什么呢？如果他们说：这是隐得来希和那能够生活的躯体的完善，那你就可指出，这是偶性。如果他们说：这是生命、感觉、生长和理智的本原，那你就可指出：虽然这个本原，从根本上看，即像我们所理解的那样，是实体，然而在这里它仅仅是作为偶性被提出来的，因为，是这物或那物的本原，
234 并不等于是实体性的和绝对的根据，这乃是偶然的和相对的根据，即相对于那有本原者而言；譬如，我的存在和实体并不意味着那种东西：由于它，我在作用着或能够作用，而是意味着：由于它，我作为我和绝对的我而存在。

由此，你可以看出，他们是如何理解这个作为灵魂的实体形式的；如果他们偶尔也把这个实体形式当作实体来认识，那么，他们也从未把它叫做实体，也从未把它当作如此的实体来看待。你会更加明确地肯定这个结论，如果你问他们：一个没有灵魂的东西的实体形式，譬如树的实体形式是什么？其中比较乖巧一点的人随口乱诌道：是木头性。

这时，你丢开铁、木、石的共同的东西即物质，你再问他：那么铁的实体形式是什么呢？他们除了偶性外，永远也说不出任何别的东西。而偶性是跟个体化的本原相关的，并且提供特殊性，因为物质只有借助于某一形式，才能具有特殊性。而他们却硬说：这个形式，由于是实体的形成性本原，故是实体性的，

但在进一步说明时，他们却只能把自然界的这个形式表明为偶然的东西。他们借助于力所能及的种种手段做了这一切之后，终于得出实体形式，诚然这种形式是得出来了，但不是自然中现有的，而是纯逻辑的虚构。这样，归根到底，某种纯逻辑的东西便被当作自然事物的本原给确立下来了。

狄：亚里士多德就没有觉察到这一点么？

泰：我相信，他是十分明确地觉察到了这一点的；但在这种场合下，他不知所措了，所以他说：最后的区别是无法言喻的、不可知晓的。

狄：这样做，我觉得，是他公开承认自己的无知；因此，要是我的话，我认为，最好还是采取那些在这个重要问题上不以无知作推诿 235 的哲学原则，如你昨天谈到的毕达哥拉斯、恩培多克勒以及你的诺拉人的见解。

泰：诺拉人是这样主张的：有一个理智，它提供万物的存在，毕达哥拉斯派和蒂迈欧称它为**形式的给予者**；灵魂是形式本原，它在自身中创造并形成万物，他们称它为形式的**泉源**；物质是用来制造和形成万物的，大家都称它为**形式的接受者**。

狄：我很喜欢这个学说，因为我觉得，它没有缺欠。的确，既然我们能判明有一个永久的恒常的物质本原，那必然也能肯定有一个同样的形式本原。我们看到，一切自然形式都源起于物质，并又回归于物质；由此令人感到，除物质以外，的确没有任何东西是永恒的、常驻的、持久不易的，配称作本原的。

此外，形式离开物质，便没有存在，形式在物质中产生，在物质中消灭，来自物质和归于物质。所以，物质总是依然故我，是结实生果的东西，因此，它作为现存的和永存的东西，应该优先地被当作实体性本原来认识。而所有的形式，总的说来，则只应看作物质的来去无常的、各种不同的配置——一些逝去，另一些复起，其中没有一个具有本原的意义。

由此，出现这么一些人，如亚里士多德以及其他类似的学者，他们很清楚地考察了自然形式的根据之后，末了却推出结论说：自然形式只是物质的偶性和状态；因此，创造活动和完善化的特长应该归属于物质，而不应归属于物，关于物，真的，我
236 们可以说：它们不是实体，也不是自然，而是实体和自然的物，关于自然，他们说这是物质；而物质，在他们看来，是必然的、永恒的、神圣的本原，像摩尔人阿维采布隆所认为的那样，他称物质为**处于万物之中的上帝**。

泰：他们所以陷于这个错误，是因为他们不知道，除了偶然的形式外，还有另一种形式。而这个摩尔人，虽说从逍遥派的学说（他就是这个学说教养出来的）中也采纳了实体形式，可是，他把它看作可消灭的东西，而不是看作只是由于物质才发生变化的东西，他把它看作被产生的东西，而不是看作能生产的东西，把它看作有根基的东西，而不是看作能提供根基的东西，把它看作被培植出来的东西，而不是看作具有培植能力的东西，他把它跟那常驻的、永恒的、能生育的、母亲般的物质相比时，降低、贬损了它的身价。当然，凡不知道我们所知道的东西的人，都会遭此际遇的。

狄：这一点已经谈得非常清楚。现在让我们言归正传吧。我们已经能够区别物质与形式——包括偶然的形式（不管它是什么样

的）和实体性的形式；现在我们还须考察一下物质的性质和实在性。不过首先我想知道，由于这个世界灵魂和普遍形式所具有的那种跟物质的宏伟一致，能否允许用另外的某种方式方法来进行哲学探讨，所谓另外的方法，也就是那样一些人的方法，他们不把物质的活动跟物质的最内在的本质分开，并把物质了解为一种神圣的东西，但了解得不是那么单纯，不是那么无形，以至于物质自己不能赋予自己以形式和外衣。

泰：不容易啊，因为没有任何东西能在自我之中绝对地起作用，在作用者和被作成者（或行动与作用所指向者）之间，总是有某种差别的。因此，在自然的躯体中应该区别物质与灵魂，在后者中应该区别理性及其种属。

所以，在这个躯体中我们要区别三种东西：第一，是表现于 237
万物之中的普遍理智；第二，是整体的能赋予生命的灵魂；第三，是基质。但是我们并不因此而否定另一种人为哲学家，他们在自己的哲学中采纳这个有形的躯体，或者如我所喜欢说的那样，采纳这个有理性的活物，并且在其论说的一开始，就以某种方式把这个躯体的一些肢体（如气、土、火；或者以太区域与星辰；或者精神与肉体；或者虚与实〔不过这“虚”不像亚里士多德所了解的“虚空”那样[1]〕；或者某种其他合适的东西）作为第

① 亚里士多德在《物理学》第 4 卷（7—9 章）中，驳斥“虚空”概念。他断言，虚空的空间即使真有的话，它不仅不能说明运动，相反的，会使运动成为不可能。布鲁诺不同意亚里士多德关于虚空的定义，并认为亚里士多德的论据是不能令人信服的。布鲁诺在《论无限、宇宙与众世界》一书中，对亚里士多德的虚空概念作了批判。（参看俄文版布鲁诺：《对话集》，第 329—331 页，斐洛泰的讲话。）

一本原。

不过，我觉得，这种哲学并不应该消除，特别是当它借助于它所设想的每一根据或它所提出的结构形式，促进思辨科学的完善和对自然事物的认识的时候，像许多远古哲学家所真正做到的那样。

只有沽名钓誉、妄自尊大、腹中空空、嫉妒成性的人才会妄想使别人相信：研究和认识自然的途径只有一条，只有傻瓜和没有头脑的人才会相信这一点。所以，尽管比较经常、比较可靠的途径——即一种看得远、辨得明白、比较高级的思考方式——应该经常受到更多的尊重、保障和偏爱，但是，决不应该因此而谴责别种不无优良效果的思考方式，尽管这种效果不是生自同一棵树上。

狄：那么说，您同意研究各种不同的哲学了？

泰：对于那些有充裕时间和才干的人说，我完全赞同，但对于其余的人说，我同意研究最好的哲学，如果众神明希望它被猜到的话。

狄：不过我确信，您并不是赞同所有的哲学，而是赞同那些好的和最好的哲学。

238 泰：是这样。但在各种治疗方法中，我不反对那种借助于贴树根、吊石头、念咒语以魔术方式进行治疗的方法，如果神学家的严格规条允许我作为一个纯粹自然科学家说话的话。我也同意物理的治疗方法，这是用药物来抑制或驱逐苦痛、烦恼、消沉和忧郁。我也接纳化学的治疗方法，这种方法是取出基本元素，用火使水银从这些成分中蒸发，使盐沉淀，使硫黄清澈并溶化。

但是说到医学，我却不想判定，在那么多良好的方法之中哪一种最好。因为，一位癫痫病患者（物理学家和化学家曾为这种病人白白花费了许多时间）如果被一位术士治好了的话，那么赞同这位术士超过赞同别的医生，将不是没有道理的。关于其他的方法，情形也是这样：如果都能达到既定的目的，那就谁也不比谁显得次一些。再者，那能治愈我的医生，比那治死我或使我苦痛的医生要好。

格：在这些医学派别中，为什么有那么多互相敌对的派别呢？

泰：这是由于贪婪、由于嫉妒、由于虚荣、由于无知。通常他们几乎不懂自己的治疗方法；至于了解别人的方法，那就更说不上了。此外，大部分人由于无能凭自己的本领爬上尊荣与趁钱的地位，于是便努力贬低别人，轻藐自己所不能达到的东西，以图获得特惠的待遇。但是，他们当中最优秀、最有才干的，是那种人，他不仅是物理学家，而且也是化学家和数学家。

现在还是让我们回到正题上去吧：在各种哲学派别之中， 239
那最好的是这样的，它以最方便、最高尚的方式表现人类理智的完善，并最符合自然的真理，它尽可能地与自然合作，推测（我指的是以自然的方式并借助于对变易的理解来推测，而不是凭动物的本能来推测，像动物及其同类的东西所做的那样，既不是借助于善神与恶魔的灵感来推测，像预言家所做的那样，也不是借助于抑郁的激情来推测，像诗人和其他沉思默想的静观者那样）或判明规律，并改造风尚；它进行治疗或进行认识是为了生活更加幸福、更加神圣。

正是由于这样，所以凡是凭借正确情感确立的哲学，莫不包含有别种哲学所没有的某种独特的优点。关于医学，我认为也是这样，如果它是基于下述原则的话，这些原则以不是不完善的哲学观点为前提，正像脚或手的行动以眼睛的行动为前提那样。所以我们说，一个医生如果在哲学上没有正确的立场的话，在医学上也不可能有良好的原则。

狄：您使我非常满意，我很佩服您，因为您不像亚里士多德那样，做事粗俗；您不像他那样，爱慕虚荣，为人不公，因为他认为其余一切哲学家的见解及其治学之道，事实上都是应当鄙视的。

泰：同时，在所有的哲学家当中，据我所知，没有人比他更多地倚赖于空洞的幻想和更加远离自然；如果说有时候他也道出一些卓越的东西，那么众所周知，这并不是从他的原则导出的，而总是从别的哲学家那里剽窃来的，我们可以从**论生灭**、**论陨星**、**论动物与植物**等书中看到许多这种卓绝的命题。

240 狄：好，让我们回到我们的话题上来吧。您是否认为：可以给物质下各种不同的定义而又不致失于谬误和陷于矛盾？

泰：对，就像不同的感觉可以判断同一个对象，同一个事物可以用不同的方式来考察那样。此外，如前所说，关于一事物的论断可由不同的头脑作出。伊壁鸠鲁学派曾道出许多优秀的东西，尽管他们也没有升高到物质属性之上。赫拉克利特曾为认识提供了许多卓越的东西，尽管他也没有超出灵魂的范围。阿那克萨哥拉在认识自然方面取得了成就，因为他不仅从自然内部，而且力图从自然外部和自然之上去认识被苏格拉底、柏拉图、赫尔麦斯①和我们的神学家称之为上帝的那个“大智”。

所以，无论是从经验出发的哲学家，还是从逻辑推理出发的哲学家，尽管会被对方指为荒唐，但是没有任何东西能阻碍他们揭示自然的秘密。而且，在他们当中，从成分出发的人并不少于从体液②出发的，从体液出发的并不多于从感性元素出发的，或更高级一些，从绝对元素出发的、或从太一的物质、从一切本原中最高级、最明晰的本原出发的。

因为，有时候一个人走了一段漫长的途程，但并不是一次那么惬意的旅行，尤其是当他的目的主要的不是看而是行的时候。其次，说到哲学论究的方法，那么，从混沌中理出形式，或从一思想源泉来安排形式，或将形式从可能性转为现实，或从内部引出形式，或将形式从深邃的、昏黑的深渊引向光明，并不比从错综的线球弄出形式更简便些。因为，任何根基都是好的，如果它能被建筑物证实牢固的话；任何种子都是不错的，如果它能成树结果的话。

狄：现在为了回到我们的话题上去，请您把关于这个本原的学说讲 241
讲清楚吧。

---

① 赫尔麦斯·特里士迈吉司特（Гермес Трисмегист）——是一位神话中的人物。纪元前三世纪末问世的《赫尔麦斯著作选集》，据说系出自他的笔下。在这部著作里，作者把毕达哥拉斯和柏拉图的唯心主义跟埃及宗教和东方宗教中的一些信条拼凑在一起。这些观点在中世纪经院哲学家中间、特别是在点金术士中间，影响很大。

② 这里布鲁诺指的是所谓的“体液论”。这种学说认为：在机体中有四种基本的汁液，即血液、黏液、黄色胆汁和黑色胆汁。它们正确的结合被认为是机体健康的必要条件，如果它们之间的比例关系遭到破坏，便需要医生来恢复这种比例关系。据说这个理论是希波革拉第创立的，受到格林的拥护，并在整个中世纪占据统治地位。帕拉塞尔苏斯反对这一理论。

泰：当然，这个被称作物质的本原，可以用两种方法来考察：第一，看作可能性，第二，看作基质。既然它赋有可能性的含义，因之，在任何东西中都能以一定的方式和按照特有的关系找出这个本原来。毕达哥拉斯派、柏拉图派、斯多葛派以及其他的人都把这个本原既安置在感性世界中，也安置在概念世界中。我们对它的理解，并不完全像他们所理解的那样，我们是从更高级更广泛的意义上去理解它的，关于潜能或者可能性，我们的看法也是这样。

可能性通常分为两种：积极的和消极的。借助积极的可能性，它的基质才能发生作用，借助于消极的可能性，基质或者能够是基质，或者能够得到某某，或者能够具有某某，或者能够是以某种关系作用于它的某某的对象。这里我且不谈积极的可能性，我确认：具有消极意义的可能性，虽不总是消极的，但可以用两种方式来看：或者是相对地，或者是真正绝对地。

这样，就没有任何东西可以说“它存在着”而不可以说“它能够存在”了。而且消极的可能性是如此的跟积极的可能性相适合，以致一方无论如何不能没有另一方。所以，只要一有了做、产生、创造的可能性，总也有被做、被产生、被创造的可能性。因为一种可能性是以另一种可能性为前提的；我想借此说明：当一种可能性被设定的时候，它必然设定另一种可能性。这种消极的可能性并不标志着具有这种可能性的东西的缺点，相反地，而是证明它的能力和效用，而且，这种可能性表明，它跟积极的可能性归根到底是一回事，事实上是一个东西；所以，任何一位哲学家或神学家都是毫不犹豫地把这种可能性归于第一超自然的本原。因为,绝对的可能性,——由于它,才可能有现实中存在着的诸事物——既不早于现实,也不稍晚于现实。此外,存在的可能性跟现实中的存在是同时有的,它并不先行于后者,因为,如果那可能存在的东西制造了自身的话,那么,它在被制造之前就已经存在了。

现在,你来看看那最完善的太初的本原,它就是那可能存在的一切,而且如果它不能够是一切的话,它也就不会是一切;由此可见,在它之中,现实和可能性乃是一个东西。

其他的事物,情形则不是这样。虽说他们是他们所可能是的一种东西,然而也可能不是,也可能以不同于他们现存的样子来存在,因为没有任何东西是它所可能是的一切。人是他所可能是的一种东西,但他不是他所可能是的一切。石头不是它所可能是的一切,因为它不是石灰,不是器皿,不是灰尘,不是草。那种是它所可能是的一切的东西,是太一,它在自己的存在中包含着任何的存在。它是那种是和可能是任何别的东西(这种东西也是既存在又可能存在)的一切。

任何其他的东西情况则不然。所以,可能性不等于现实,因为,它是被限制的现实,而不是绝对的现实。此外,可能性总是局限于一种现实,因为它永远不能具有一个以上的特殊的单独的存在。不过,如果它要进入每一形式和每一现实的话,这就要借助于一定的配置和一个存在与另一个存在的一定顺序来进行。所以,任何可能性和现实,在本原中仿佛是蜷缩着的、 243
结合在一起的、单一的,而在其他的事物中,则是展开的、扩散的、增殖了的。

宇宙是个宏伟的肖像，是个独一无二的自然，借助于全部物质的种、主要本原和总和，它也是它所可能是的一切，既不能给它增添什么，也不能从它拿去任一形式。

但是，由于存在着种种的差异、形式、特点和个体，它就已经不是它所可能是的一切了。所以，它无非是太初现实和太初可能性的影子。在它之中，可能性和现实究竟不是绝对同一的东西，因为它的诸部分没有一个是它所可能是的一切。此外，在前面所讲到的那种特殊的意义上，宇宙按照在个体中展开、扩散和被区别的方式，是它所可能是的一切。它的本原则是以单一和不可区分的方式存在的，因为，一切是一切、是同一个东西，极其简单，没有任何差异和不同。

狄：关于死亡、消灭、瑕疵、缺陷、畸态您的意见如何？您是否认为：这些东西那身为一切者也具有？所谓身为一切者，也就是说，它能够是并在现实中是它在可能性中所是的一切。

泰：这些东西不是现实和可能性，而是缺乏和无能。它们在展开的事物中可以遇到，因为展开的事物不是它们所可能是的一切，而是力图成为它们所可能是的东西；因此，既然它们没有可能一下子和同时是那么众多的事物，于是便得失去一个存在，以取得另一个存在。有时候它们混合了一个存在跟另一个存在，这时候它们由于两个存在的不同和由于一个物质参与两个存在，便被缩小了、不充分了、残缺不全了。

这样就回到我们的论断：第一绝对本原是宏伟之物，是庞大之物，是如此的宏伟，如此的庞大，它是它所可能是的一切。

244 它所以宏伟，并不是说它具有这样的大小，这种大小像任何别的大小(它不是它所可能是的一切)那样,可以大一些,或可以小一些,或可以分割。它的大小乃是最大、最小、无限、不可分割和具有任何广袤的大小。它不是较大的,因为它是最小的,它不是较小的,因为它是最大的。此外,它还超出任何的平等,因为它是它所可能是的一切。

刚才我关于大小所说的,指的是能够道出的一切,因为,它是善,这善是可能有的任何的善,它是美,这美是可能有的所有的美;并且,除了这个太一之外,没有另外一个美的东西会是它所可能是的一切。那个是一切和绝对可能是一切者,是独一的。

其次,在自然事物中,我们看到,没有一个事物不是它在现实中所是的那个东西,按照现实说,它是它所可能是的那个东西,以便具有一定的现实的外观。但是,即使在这个单一的独特的存在中,它也从来不是任何单独事物所可能是的一切。

譬如太阳,它不是它所可能是的一切,它不是处在它可能在的所有地方,因为,当它处在地球的东方时,它便不处在地球的西方,或者说,不处在子午线上,或者说不处在任何其他地方。所以,如果我们要想说明上帝如何是太阳时,那我们就要说:它同时既在东方、也在西方,既在南方、也在北方,也在地球圆周的每一个点上,因为它是它所可能是的一切。因此,如果这个太阳(由于自身的旋转或由于地球的旋转),像我们所断定的那样,在运动着并变换着位置,因为它实际上不处在一个固定的点上,不具有处在一切其他地方的可能性,因而具有处在那里的倾向性,——因而,如果它是它所可能是的一切,并具有

245 它所能够具有的一切，那么它就同时处在所有的地方和一切之中。它是最活跃、运动最迅速的，但同时也是最稳定和最不活跃的。

所以在上帝的话语中，我们看到这样的说法：它是恒久不变的，同时也看到这样的说法：它以最大的速度从天边向天边运行着。因为，被认为不动的东西是这样的：它在同一时刻从东方之点出发并回到东方之点，此外，它在西方、在其圆周的任何其他点上，跟在东方一样的可以被看到。

所以，我们主张它从这一个点出发和被送出，并回到和被送回另一点，其根据并不多于下一主张的根据，即它从无限多点的任何另一点出发和被送出，并回到和被送回同一个点上。所以它是完全地和永远地处在整个圆周之中和它的任一部分之中，因而，黄道的每一个不可分割的点都包含着太阳的整个直径。这样一来，不可分割的东西便包含着可分割的东西，这不是由于自然的可能性，而是由于超自然的可能性。也就是说，须假定太阳在现实中是它所可能是的一切。

这种绝对的能力不仅是太阳所可能是的东西，而且也是任何事物所是和所可能是的东西——是一切可能性的可能性，一切现实的现实，一切生命的生命，一切灵魂的灵魂，整个存在的存在。因此，有一句崇高的箴言启示说：**是那自有永有的打发我来的；是那自有永有的这样说的**[①]。所以，那在其他诸处是矛盾的和对立的东西，在它之中是同一个东西，并且，任何事物

① 参看《旧约全书》，出埃及记，第 3 章第 14 节。——译者

在它之中都是同一个东西——既超出时间和诸时代的差异，也超出现实和可能性的差异。因此，它不是古老的，也不是新的，有一句启示表达得很中肯：它是首先的和末后的[①]。

狄：跟那最绝对的可能性相同一的、这个最绝对的现实，只有通过 246
否定的途径才能被理智掌握：我认为，它之能够被理解，既不是由于它可能是一切，也不是由于它是一切，因为当理智想要理解某物的时候，就得形成心智的观念，使自己与之相像，并拿自己与之相比量；但在这种情况下这是不可能的，因为理智从来不是如此之大，以至于不能再大了，而这个最绝对的现实，既然从各个方面看和在各种意义上是不可计量的，就不可能再大了。所以，没有任何眼睛能够接近或者靠拢那最崇高的光辉和那最深邃的深渊。

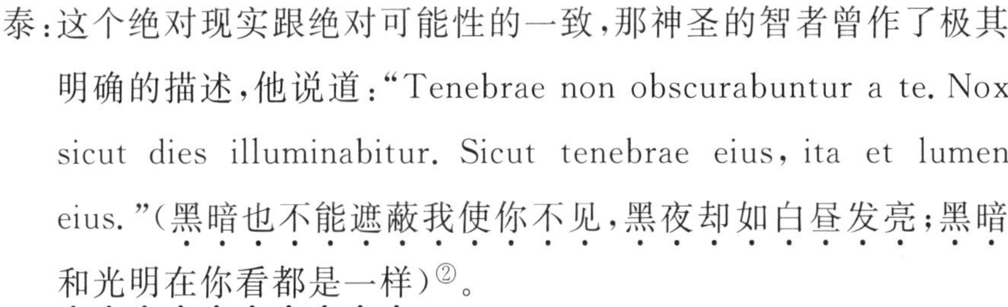

泰：这个绝对现实跟绝对可能性的一致，那神圣的智者曾作了极其明确的描述，他说道："Tenebrae non obscurabuntur a te. Nox sicut dies illuminabitur. Sicut tenebrae eius, ita et lumen eius."（黑暗也不能遮蔽我使你不见，黑夜却如白昼发亮；黑暗和光明在你看都是一样）[②]。

因此，等作结论时，你就会看到，这可能性是多么的壮伟。如果你乐意称它为物质的根据——这一点庸俗的哲学家是不理解的——那你就不会贬损它的神性，而会把它摆到更崇高的地位，超过柏拉图在《国家篇》和《蒂迈欧篇》中所作的。柏拉

① 参看《新约全书》，以赛亚书第 41 章第 4 节；第 44 章第 6 节；第 48 章第 12 节；启示录第 1 章第 17 节。——译者

② 参看《旧约全书》，诗篇，第 139 篇，第 12 节。——译者

图的这两部著作由于过分抬高了物质的意义，曾使许多神学家感到羞辱。这种事情之所以发生，或者是由于前者没有把意思表达清楚，或者是由于后者没能很好的理解，因为，他们都是亚里士多德的观点教育出来的，一向把物质了解为自然物的基质。至于别人的观点，他们从不理会，当别人认为物质是心智世界和感性世界的共同点时，他们则说这是违反常识，增添新义。

因此，在谴责某些观点之前，必须很好地研究它们，细心地
247 辨别其表达方式，因为各种观点是纷纭不一的，有时候尽管它们在给广义的物质下定义时是一致的，但在给狭义的物质下定义时却是不同的。

至于说到我们的主题，不可能——如果撇开“物质”一词的话——有这么一位神学家，他尽管抱有成见和阴险毒辣，会由于我主张可能性与现实的契合（这里我是从绝对的意义上来了解这两个用语的），而指责我不信仰上帝。

从这里可以作出结论说：在可以容许的限度内，这种可能性和这种现实的肖像[①]——因为在特殊的现实中，包含着特殊的可能性里所具有的一切，因为宇宙按照这种方式是它所可能是的一切（不管数的现实和数的可能性的关系如何）——具有一种跟现实没有区分的可能性，一种跟有灵性者没有区分的灵魂（我说的不是复合的、而是单一的）。

① 即宇宙。——法译本注

由此可见，有一个第一宇宙本原，它同样应该理解为这样的：在它之中已经不再有物质本原与形式本原之分，从它跟上面所说的[①]类似这一点，可以断定它是绝对的可能性和现实。从这里不难得出下述结论：**按照实体说**，**万物皆一**，这也许正像巴门尼德所了解的那样，但亚里士多德没有以公正的态度对待他。

狄：因此，您主张：尽管沿着这个大自然的阶梯走下去，我们可以发现双重的实体——一是精神实体，一是有形实体，但最后二者还是归于一个存在、一个根源的[②]？

泰：如果你认为那些不比这一点前进得更远的人都能作出这个结论的话。

248

狄：那是十分容易的，只要你不超出自然的范围。

泰：我已经这样做了。虽说我们并没有使用一般人在给神性下定义时所使用的那种含义和方法，但我们的方法并不与之矛盾，与之抵触，只不过阐释得更清楚更明确罢了，而且它按照要求，并没超出我们理性的界限，这一点我曾经答应过你要谨防的。

狄：作为可能性或潜能的物质本原，我们谈得已经够了；明天劳您驾把它作为基质来谈谈吧。

泰：好，明天我就那么谈。

---

① 指超自然的本原。——法译本注

② 布鲁诺关于有形实体和精神实体归于一个根源的唯物主义学说，在某种程度上是预先想到了斯宾诺莎关于太一实体的学说，他认为这个实体有两种特性，即思维与广延。

格：再见。

波：Bonis avibus(祝你们幸福)!

——第三篇对话终——

第四篇对话 249

波：Et os vulvae nunquam dicit：sufficit. Id est scilicet，videlicet，ut pote，quod est dictu：materia recipiendis formis numquam expletur.（子宫眼儿永远不会说“够啦”[①]，显然，这意思是说：物质〔即这几个字所表示的东西〕一旦具备了形式，便永远不知餍足）。现在，在这个学园[②]里，或者毋宁说是在这个反学园里[③]，既然没有别人，solus（ita inquam solus，ut minime omnium solus）deambulabo et ipse mecum confabulabor.（那我就独自个——我说，这独自个，说老实话，可是最不孤独的了，那我就独自个走走、自己跟自己聊聊吧）。

可说，那逍遥派的君王[④]、伟大马其顿王的崇高天才的教导者[⑤]的物质，比起神圣的柏拉图和别人，non minus（并不少

① 参看英文版《圣经》，《箴言》，第30章，第15—16节（*Holy Bible*，“Proverbs”，ch. 30，sec. 15—16）。——译者

② 此处拉丁文为Lycea，俄德法文译本分别译作Лицей、Lyzeum、Lycée，原指亚里士多德教授哲学之园（在希腊雅典的伊里苏斯河畔），后泛指天主教之神学院、讲堂、高等或中专学校等。——译者

③ Антилицей——因为布鲁诺的哲学反对亚里士多德和逍遥派的哲学。——法译本注

④⑤ 指亚里士多德。——译者

些），这物质时而叫做混沌，时而叫做 hyle（物料），时而叫做 silva（材料），时而叫做质量，时而叫做潜能，时而叫做可能性，时而叫做 privatione admixtum（跟缺乏混合在一起的东西），时而叫做 peccati causa（罪恶的原因），时而叫做 ad maleficium ordinata（向恶的赋性），时而叫做 per se non ens（自我不存在的东西），时而叫做 per se non scibile（自我不可认识的东西），时而叫做 per analogiam ad formam cognoscibile（只有跟形式对比才能被认识的东西），时而叫做 tabula rasa（洁净无字的板），时而叫做 indepictum（不能描绘的东西），时而叫做 subiectum（衬底），时而叫做 substratum（基质），时而叫做 substerniculum（潜于下或隐于后的不可捉摸、不可认识的东西），时而叫做 campus（休耕地），时而叫做 infinitum（无限），时而叫做 indeterminatum（无规定者），时而叫做 prope nihil（接近于无的东西），时而叫做 neque quid，neque quale，neque quantum（既不是质、也不是量、也不是任何东西的东西）；Tandem（最后），在我用这一堆纷纭繁杂的术语把自己折磨了一番之后，物质被那些 ab ipsis scopum ipsum attingentibus（达到了目的本身的人）叫做 femina（女人）。Tandem，inquam（ut una com-
250 plectantur omnia vocula）a melius rem ipsam perpendentibus
femina dicitur（最后，我说〔为了把所有这些词加以概括〕，物质被那些最懂得事体的人叫做“女人”[①]）。

① 亚里士多德把作为阴本原的物质跟作为阳本原的形式相对立。像物质那样，女人是没有积极性的。物质妨碍自然及其目的，并且当形式不能克服物质的抵抗时，便成了畸形与丑陋的原因。

et mehercle(现在我可以对着黑尔库力士发誓),巴拉斯[1]王国的这些参议员们[2]喜欢把物质和女人这两种东西等量齐观,并不是没有充分的道理的。当他们从自身的经验认识到女性的消极被动时,他们便达到了狂热和胡为的地步(这里的 color rhetoricus〔修辞学上的润色〕对我来说是一条线索)。他们是缺乏理性的混沌,是罪恶的 hyle(物料),是强盗的 silva(森林),是不洁净的质量,是导致一切败坏的潜能。这里又是一个 color rhetoricus(修辞学上的润色),有些人称之为 complexio(叠合)。那使特洛亚遭受覆灭的 potentia remota(遥远的)和 propinqua(最近的力量)是什么呢? 是女人。那个曾用顺手捡起的一块驴腮骨打败非利士人的英雄参孙[3],我说,是谁被当作工具破坏了他的力量呢? 是女人。是谁在卡普亚遏止了那位伟大领袖、罗马共和国的经常敌人汉尼拔[4]的进攻并制服了他的力量? 女人! 哦,弹基法拉琴的预言家,告诉我,你的弱点的原因何在? ——Quia in peccatis concepit me mater mea.(因为我在母亲怀胎的时候就有了罪[5]。)哦,我们远古的始祖,你原是天堂里的园丁,生命树的看护者,你怎么搞的,怎么连同整个人类的胎芽闯入这个死亡的地狱深渊? ——Mulier,quam dedit mihi,ipsa,ipsa me defecit(是她,神所赐给我的

① Паллада——希腊神话中智慧女神雅典娜之别名。——译者

② 此处指那些作为智慧女神巴拉斯之仆从的哲学家们。——译者

③ 参看《圣经》《士师记》第14—16章。——译者

④ Ганнибал——(约纪元前247—前183年)第二次布尼战争时迦太基名将。——译者

⑤ 参看《圣经》《诗篇》第51篇,第5节。——译者

那个女人，欺骗了我[①]）。Procul dubio（毫无疑问），形式是不会犯罪的，过错不是由任何形式产生的，如果形式不与物质相结合的话。所以，那个以阳性来表示的形式，由于与物质相亲近并与之相结合或交媾，便用这样的话或这样的句子向那 natua naturans（生育万物的自然）回答道：Mulier，quam dedisti mihi，id est（你所赐给我的那个女人，即）你赐给我做妻子的物质，ipsa me decepit，hoc est（是她欺骗了我，也就是说），她是所有罪过的根源。你瞧，你瞧，神明的智慧，那些出类拔萃的哲学
251 家和目光锐利的自然内脏的解剖学家，为了把物质的本性充分展示在我们面前，除了用对比来引起我们的注意外，却找不到更好的办法了，所谓对比，也就是说，由物质存在而招引出来的自然物之状况，跟那由阴性招引出来的经济、政治、民事之状况是丝毫无异的。睁开……睁开眼睛……！哦，我看见格瓦西那个大懒蛋了，他把我的激动人心的演说的思路给打断了。我怀疑给他听去了吧，但那又有什么关系！

格：Salve，magister doctorum optime（你好，先生，最最优秀的学者）！

波：如果你不打算按照 tuo more（你的老习惯）捉弄我的话，tu quoque salve（愿你也好）！

格：我很高兴知道，你一个人在这里走来走去、絮絮不休是干什么呢[②]？

波：当我在缪斯神庙作研究的时候，in eum，qui apud Aristotelem

① 参看《圣经》，《创世记》，第 3 章，第 12 节。——译者

② 此句俄译文漏译。——译者

est，locum incidi，物理学第一卷，in calce（我在亚里士多德的《物理学》第一卷末尾，碰上这么一段）：亚里士多德为说明什么是 prima materia（太初物质），曾拿女性作比喻；我说的是那任性的、脆弱的、反复无常的、娇嫩的、卑微的、可耻的、令人蔑视的、低级的、下流的、卑贱的、不体面的、恶毒的、有害的、无耻的、冷酷的、不成体统的、空虚的、爱慕虚荣的、不知分寸的、狂妄的、背信弃义的、懒惰成性的、令人厌恶的、坏透的、忘恩负义的、被砍削的、被糟蹋的、不完美的、有瑕疵的、有缺欠的、目光狭小的、被截短的、被缩小的性别；是铁锈、毒虫、莠草、鼠疫、疾病、死亡。

这是自然和上帝的创造——

为惩罚我们而作成的沉重负担[①]。

格：我知道，你说这许多，主要是为了锻炼你的演说术，并表明你有口若悬河、滔滔不绝的口才，而不是由于你事实上抱有你嘴里讲出的那种见解。因为，对于你们，以文艺教授自称的人文主义者先生们，这乃是习以为常的事情：当你们被那些遏止不住 252
的概念充塞时，你们便拿它们向那可怜的女人们开火，而当你们被别的什么气愤所笼罩时，你们便向着你们的初犯过失的小学生发泄怒火。但是，奥菲士先生们，当心色雷斯女人的狂怒啊[②]。

波：我是波里尼，不是奥菲士。

① 引自阿里奥斯托（1474—1533）的著名长诗《狂暴的罗兰得》，第 27 篇。

② Орфей（古希腊神话）曾由于轻视女性被色雷斯的酒神庙女巫撕碎（见奥维得：《变形记》，第 10 — 11 卷）。

格:那么说,你事实上并不责难女人?

波:minime,minime quidem(那当然,我最不最不爱那样做了)。我说的都是真话,而且我怎么样理解就怎么样说。因为,我不干那诡辩派惯于干的玩意儿:证明白的是黑的。

格:那你为什么染胡子呢?

波:但是 ingenue loquor et dico(我说话是坦率的);我觉得,一个没有女人的男人才像一个纯洁的学者。我认为,qui non duxit uxorem(那不讨老婆的人)是英雄,是半仙之体。

格:他像牡蛎,也像蘑菇,他是香菌。

波:所以那位抒情诗人神妙地说道:

Credite Pisones,melius nil caelibe vita.

(你们要深信,庇逊人,

最好是过独身生活)[①]。

如果你想知道这里面的道理,那你就向哲学家塞孔特讨教吧[②]。他说道:女人是安宁的干扰者,是不停断的祸害,是每天进行的战争,是生活的监狱,是家庭中的风暴,是人的生命之船的风险。有一位比斯开人很好地证实了这一点。一次他被可怕的命运和大海的咆哮所激怒,用严峻的愤怒的眼光向那万顷波涛激动地说道:"唔,大海呀,大海呀!如果我能够娶你做妻子,那就好了!"他想借此说明女人是一切风暴的风暴。所以,

① 这段引文出自贺拉斯的《书信集》,前行出自下卷 3.6;后一行出自上卷 1.88。

② Секунд из Афин,雅典的塞孔特,"沉默寡言的哲学家"(纪元 2 世纪)。在中世纪他的格言流传很广。他是一个不喜女色的人,并且认为女人是"不可避免的祸害"。

当有人问普罗塔哥拉为什么将他的女儿嫁给自己的敌人时，他
回答道：对于我的敌人说，没有比给他一个老婆更糟的了。此 253
外，一位法国人的行动也证实了我的话；他是一位有身份的人，一次他碰上一场极其危险的海上风暴，当他同别的人一起接到船长契卡尔的命令——把最沉重的东西扔到海里去——以后，他首先便把自己的妻子扔进大海。

格：你没有举许许多多与此相反的例子，有许多人由于他们的妻子而感到最最幸福呢。不必说得太远，就在这所房子里，就有一位这样的人，这就是那位莫维榭的领主。他的妻子不仅赋有非凡的形体美裹贴着她的灵魂，而且还有三件美妙的装饰——明事达理的见地、殷勤淳朴的谦虚，温文有礼的秀雅——像一团折不断、拆不散的纽结，紧紧缠系着她爱人的情感，但凡认识她的人，没有不被她征服的。至于他们那位高贵大度的女儿，我该怎么说呢？出世几乎还不满五载零一月，我就已经不能根据语言判断她是从哪来的了，从意大利，还是从法国，还是从英国？而当她弹奏乐器的时候，我简直不能理解她是一个什么样的实体，是有形体的还是无形体的；就她那成熟的善良的性情来看，我怀疑她是否是从天而降，抑或是从地而出。任何人都可看出：在她身上，为造化出她那美丽的体态而汇聚着的双亲的血液，不少于为形成她那高贵的灵魂而汇聚着的双亲们刚勇豪爽的美德。

波：这位玛丽亚·达·博丝台利是一个 rara avis（稀有的小鸟），这位玛丽亚·达·卡斯台尔诺也是一个 rara avis（稀有的小

鸟)[①]。

格:你关于女人所断言的那“稀有”二字,也同样适用于男人。

波:简而言之,为了回到我们的话题上去,女人无非是物质。如果你由于不知道什么是物质而不知道什么是女人,那你就向逍
254 遥派领教领教吧;他们在教懂你什么是物质之后,还将教懂你什么是女人。

格:我看得很清楚:你,由于具有一个逍遥派的头脑,因而昨天泰奥非关于物质的实质和可能性所谈的,你可以说是不大懂或根本不懂。

波:至于别人,他爱怎样就怎样好了。我,反正是持这种观点:谴责任何方面的〔女人的和物质的〕[②]欲望,因为它是一切罪恶、磨难、缺陷、破坏、毁灭的原因。难道说你不认为:如果物质能满足于现有的形式,那我们就不至于遭受任何的变易和苦痛,我们就不会死亡,就会是不可消灭的和永世长存的了?

格:要是物质满足于50年前它所具有的那个形式,你会怎么说呢?如果它止于40年前它所处的那个形式,你,波里尼,还会长大成人么?我是说,你还会像现在这样的成年、这样的完善、这样的有学问么?所以,正像你喜欢别的形式让位给现有的形式那样,让现有的形式让位给别的形式,这也正是那支配宇宙的大自然的意志。这里且不谈另外一个理由,即:对我们的实

---

① 玛丽亚·达·博丝台利是米舍尔·德·卡斯台尔诺的女儿,玛丽亚·达·卡斯台尔诺是米舍尔·德·卡斯台尔诺的妻子;布鲁诺的这几篇对话就是献给米舍尔·德·卡斯台尔诺的。

② 此处为法译本译者加注,因原文含义不清。——译者

体来谈，一个更大的优点是它能够被作成任何事物、采取一切形式，而不是固守某一形式、长此作个特定的东西。所以，它按照其可能性而论，很像那个是处于一切之中的一切者。

波：我觉着，你似乎一反往日的常态，要成为一个有学问的人了。既然你断定女人具有优点，那你如果可以的话，就用类似的方法证明一下吧。

格：我可以毫不费力地做到这一点。呃，你瞧，泰奥非来了！

波：还有狄克森。好吧，下次谈。De iis hactenus（这一点谈得够 255
了）。

泰：难道我们没有看到么，逍遥派跟柏拉图派一样，是按照有形体的和无形体的东西的区别来划分实体的。正像这些区别被归结为同一种可能性那样，形式也必然分为两类。因为，其中有一些形式是超验的，也就是说，是高于种的，它们叫做本原，如**本质**、**统一**、**太一**、**物**、**某物**以及诸如此类的东西；另一些形式则不同于其他的，属于一定的种，如**实体性**、**偶性**。

头一类形式不在物质中引起区别，也不给予物质这种或那种可能性；但是，作为既包括有形实体、又包括无形实体的、包罗万象的名称，它们意味着这些和那些实体的最一般、最单一、最普泛的实体。

其次，阿维采布隆说道："如果我们在认识偶然形式的物质、即复合物之前，我们就认识实体形式的物质、即复合物的一部分；那么是什么妨碍我们：在认识那种浓缩于有形体的形式之下的物质之前，去认识那种就形式说既不同于有形体的和无形体的自然、也不同于可分解的和不可分解的自然的可能性呢?”

此外,如果存在着的一切,从那至高无上的存在者起,都具有一定的秩序并构成一个依次递属的阶梯,沿着这个阶梯,人们可以通过中间者、联系者从复合物上升到简单物、从简单物上升到最简单和最绝对的东西,而这中间者、联系者,分享两个极端的本性,但其自身所独有的特性,则不隶属于双方中的任何一方;如果是这样的话,那就没有一种秩序,其中没有一定的渗透;那就没有一种渗透,其中没有一定的联系;那就没有一种联系,其中没有任何的渗透。这样,一切存在着的东西就必然有一个单一的存在的本原。

256 此外,理性本身并不能做到这一点:在任何一个可区别的事物之前,不预想出一个不可区别的事物;我说的是那些存在着的事物,因为**存在**与**不存在**,我认为,没有实际的差别,只具有口头上的、空有其名的差别。

这种不可区别的东西是差别和不同的形式所归附的一般基础。当然,不能否定这一点:就像可感知的东西须以可感性的基质为前提那样,任何心智的东西也须以心智性的基质为前提。这样,就必然有一个东西,相当于这种和那种基质的共同基础。因为,任何本质都必然建立在某种存在之上,唯独那太初的本质,跟自身的存在是一个东西,因为它的可能性也就是它的现实,因为它是它所可能是的一切,像昨天所说的那样。

此外,如果物质,还按那些反对派的看法说,竟不是形体,并且按其本性,竟先于有形体的存在,那么在这种情况下,究竟是什么东西使得它迥异于所谓无形体的实体呢?

一些逍遥派马上说道：就像在有形体的实体中可以发现某种来自形式和神性的东西那样，在神性的东西中也必然有某种来自物质的东西，俾使较低级的东西适应于较高级的东西，一些东西的秩序依从于另一些东西的秩序。

神学家们，尽管其中有不少人是亚里士多德的学说教养出来的，但毕竟没有成为我的麻烦，因为他们承认，他们在更大的程度上是受惠于圣经，而不是受惠于哲学和天赋的理性。有一位天使对长老雅各说：**不要敬拜我，因为我是你的弟兄**[①]。这样，如果那说这话的人，像他们所理解的那样，是理智的实体，并且如果他在自己的话中肯定：那人和他，就统一基质的实在性说，是一致的，那么，不管在形式上有如何大的差别，哲学家 257
在这种情况下都是以这些神学家的神谕做证明人的。

狄：我确信，您是带着尊敬的心情说这番话的，因为您知道，从我们的弥撒中所遇不到的那些章节寻求论据，对您来说，是不当的。

泰：你说得好，说得正确；不过，我举出这一点并不是为了作证明、作论据，而只是为了尽量不让人怀疑。因为无论是表面上或是实际上跟神学相矛盾，都是我所同样害怕的。

狄：明智的神学家一向是允许运用自然论据的，只要在议论时，这些论据能够顺乎、而不是违反上帝的权威，就行了。

泰：我的论据从来就是这样，而且将来也永远是这样的。

狄：好，那您就继续谈吧！

泰：普罗提诺在论物质一书中也曾说：**如果在心智世界有繁多性和**

① 见《新约全书》，《启示录》，第 19 章，第 10 节；第 22 章，第 9 节。——译者

众多的种属，那么，这里除了每一个种属的特点和差别之外，也必定有一个一般的东西；那作为一般者，立于物质的地位，那身为特殊并构成差别者，立于形式的地位。他又说道：如果这个世界仿效那个世界而存在，那么，这个世界的构成也必然仿效那个世界的构成。其次，如果那个世界没有差别，它也就没有秩序，如果它没有秩序，它也就没有美和装饰；这一切都是跟物质相关的。因此，高级世界不仅应该看作一个不可分割的整体，而且，就其某些方面来看，也应该看作可分割的和可区别的。但这种可分性和可区别性，如果离开作为根据的物质，那就不可能理解。如果你要说，这整个的繁多性归一于
258 一个不可分割的、没有大小的存在，那么，我则称那在自身中集结着许多形式的东西为物质。在它作为不同的和繁多形式的东西被感知以前，它在概念中先是单一形式的，在它在概念中成形以前，它在概念中先是无形式的。

狄：在您简短的论述中，您列举了许多有力的论据，以期得出结论说：物质是太一的，可能性是太一的，由于它，现存的一切都是真实地存在着；而且，这对无形体的实体说，跟对有形体的实体说，是同样有根据的。因为，有形体的实体由于存在的可能性而具有存在，跟无形体的实体由于存在的可能性而具有存在是同样的。此外，您也援用其他有力的论据（对于那些仔细考察并理解这些论据的人说），证明了这一点。

不过，纵使不是为了学说的完善，那也是为了学说的明晰，我很希望您能用某种另外的方式进一步明确：在那最崇高的东西——无形体的东西就是这样的——中，如何会有一种无形式

的和无规定的东西；在那里怎么可能有同一物质为根据，可是，纵令有形式和现实混入，然而，它们并不叫做物体；在那里，照您的见解，没有变化、产生和任何的灭亡，但怎么会有物质呢？因为物质正是而且一向是为了这种目的而被采纳的；我们怎能断定心智的本性是单纯的呢，怎能断定其中有可能性和现实呢？

我所以提问这些，并不是为了自己，因为，对于我来说，真理是明朗的；这也许是为了别人，他们可能比较冥顽一些，也比较难以说服，譬如波里尼大师和格瓦西。

波：Cedo（我服啦）！

格：我接受了，并且感谢你，狄克森，因为你总是顾及那些不敢提问的人的困窘处境，正像在阿尔卑斯山的那一边，盛大宴会上的 259
礼节所要求的那样。在那里，坐在第二个位子上的人，不许将手伸出自己的方形或圆形的碟子，而只应等待别人把菜送到自己手里，以便对每一块送过来的菜表示谢忱。

泰：为了解除这些疑窦，我想这样说：就像人按照其特有的本性不同于具有特殊本性的狮子那样（不过，按照动物的共同本性、即按照其有形的实体等来说，他们彼此并无不同，乃是同一种东西），有形体的东西的物质，按其特有的本性说，也同样不同于无形体的东西的物质。

因此，你在这种意义上所归于它的一切，即：它是有形体的自然的基本原因，是任何种的变化的基质，并是复合物的一部分——这一切都适用于这个物质，只是要依据它所独有的特性。因为那个物质，或者说得更明确些，那个可能被做成者、或可能具有存在者、或被做成者——是通过基质的大小、广延性以及那些具有数量性质的特点而存在的，在这种情况下，这叫做有形体的实体，并以有形体的物质为前提；或者，它是被做成的（如果它从新产生的话）并存在着，但是没有大小、广延性等那些特点，在这种情况下，它叫做无形体的实体，并以无形体的物质为前提。

跟有形体的和无形体的东西的积极可能性相适应的，是有形体的和无形体的消极可能性，同样的，跟有形体的和无形体的存在相适应的，是有形体的和无形体的存在可能性。

因之，如果我们要想断定在这种和另一种自然中的复杂性，我们就必须从这种和另一种意义上去理解它，并注意到：在
260 永恒的事物中，物质总是被肯定为具有单一的现实形式的单一东西，而在变异的事物中，物质总是包含着或者一个、或者另一个现实形式：第一，物质一下子、永远地和同时地占有它所可能占有的一切，并且是它所可能是的一切，但是，第二，物质又是多次地、在不同的时间、按一定的顺序占有它所可能占有的一切。

狄：不过，有些人完全是从另一种意义上来理解它的，虽说他们也允许在无形体的事物中有物质存在。

泰：不管这些独有的特点有多大差别，由于这些特点，一种〔物质〕降格为有形体的存在，另一种则否；一种取得感性的特质，另一种则无；也不管要找出一个跟量、跟自然的空间属性毫不相干的物质和跟量、跟自然的空间属性不无关系的物质的共同根据，看来是如何的不可能，但第一种和第二种毕竟是同一个物质，而且，像屡次说过的那样，它们之间的全部差别取决于把一方归结为有形体的存在和把另一方归结为无形体的存在。

同样地，在有灵性的存在中，任何感性的东西都是统一的，但是，当把这个种收缩于一定的类时，人的存在便与狮子迥然不同，狮子的存在便与人迥然不同。如果你乐意的话，这里我愿再补充一点（因为，你会对我说：那从来不存在的东西，应该认为是不可能的东西，与其说它是自然的，不如说它是反自然的；而且，既然任何时候也看不到这种具有大小的物质，那就应该认为，形体性对它来说是反自然的；如果是这样的话，那么，在没有承认二者之一会收缩为有形体的存在这一点以前，要想有一个二者共有的本性，是不可思议的），这里我要补充的是，我认为：我们可以同样地断言这物质一定具有所有这些空间属 261
性，就像你所看到的它不可能具有这些属性那样。

这种物质，由于在实际上是它所可能是的一切，因之它具有所有的度，具有一切种类的形状与大小。而且既然它具有这一切，因而它不具有其中的任何一个；因为那种是如此众多而繁异的事物者，它也必然不是这些局部事物中的任何一个。从那身为一切的东西中，应该排除任何局部的存在。

狄：因此，您主张物质是现实？也主张：无形体事物中的物质跟现实是一致的？

泰：对，就像存在的可能性跟存在相一致那样。

狄：所以，它跟形式没有差别？

泰：在绝对可能性和绝对现实中，丝毫没有差别。绝对的现实具有高度的纯洁性、单纯性、不可分性和单一性，因为它绝对地是一切。假使它具有一定的大小、一定的存在、一定的形状、一定的特点、一定的分别，那么，它就不会是绝对的、不会是一切了。

狄：因此，凡包括任何一个种的任何事物都是不可分的[①]？

泰：是这样；因为，那包括着一切性质的形式不是其中的任何一种性质；那具有一切形状的东西不具有其中的任何一种形状；那具有全部感性存在的东西，并不能通过感官被感知。不可分割的东西，在较高的意义上，是那具有全部自然存在的东西，在更高的意义上，是那具有全部理智存在的东西；在最高的意义上，是那具有所可能有的一切存在的东西。

狄：您是否认为，就像这个存在的阶梯一样，也有一个存在的可能
262 性的阶梯？并且，您是否主张，就像矗立着一个形式根据那样，也矗立着一个物质根据？

泰：对，是这样。

狄：您是以深刻而崇高的方式来理解物质和可能性的这个定义的。

泰：对。

狄：不过，这个真理将不能被所有的人掌握，因为，某物如何具有一切种类的大小而又不具有其中的任何一种、如何具有全部形式存在而又不具有任何存在形式，这太难理解了。

泰：你呢，你理解这是怎么回事么？

狄：我认为我是理解的；因为我清楚地知道：现实，由于它是一切，所以无论在何种情况下，都不可能是某一个别的东西。

① 包括任何一个种的事物都是不可分的——这句话也适用于抽象的、种的概念。这些概念是些“个体”，也就是说，是不可分的，因为它们跟它们与之发生关系的那众多客体相反，是单一的。

波：Non potest esse idem totum et aliquid. Ego quoque illud capio.（整体与某物不可能是同一的；我也理解这个道理。）

泰：那么，根据这个道理，你就能够理解；如果我们要把广延性当作物质的本质，那么这本质便不会迥异于任何一种物质了，但是一种物质跟另一种物质的唯一不同仅仅在于一个是摆脱了广延性的存在和一个是收缩为广延性的存在。既是摆脱了广延性的，它便处于一切广延性之上，并包罗所有的广延性；既是收缩为广延性的，它就被某些广延性所包括，并从属于某些广延性。

狄：您说得对，物质本身是不具有什么空间大小的，因此它被理解为不可分的。至于大小，它是按照它所得到的形式而取得的，当作为人的形式时，它具有某种大小，当作为马的形式时，它具有另一种大小，当作为橄榄的时候，它具有的又是一种大小，当作为桃金娘时，它则具有另外一种大小。因此，在取得这些形式中的任一形式之前，它就得能具有所有这些大小，就 263
像它有可能取得所有这些形式那样。

波：Dicunt tamen propterea，quod nullas habet dimensiones.（可是尽管如此，你们还是说它不具有任何大小。）

狄：而且我们还断言：ideo habet nullas，ut omnes habeat（它是如此地不具有任何大小，以至它具有一切大小）。

格：为什么你断定说：它包含一切大小，而不是排除一切大小呢？

狄：因为它不是从外部取得大小，而是从自身的怀抱中引出、派生出大小。

泰：你说得很好。此外，逍遥派还有一个流行的说法，他们都认为：

具有空间广延性的现实和所有的形式都是发生于和出自物质的能力。阿威罗伊[①]在某种程度上也是这样理解的，他虽说是个阿拉伯人并且不懂得希腊语文，但是对于逍遥派的学说，他比我们所读过的任何一个希腊人都了解得更多；而且，如果他不是那么矢忠于他的神——亚里士多德的话，他还会了解得更多一些。

他断言，物质就其本质说，包含着无限定的空间度量，他想以此着重说明：度量之取得限定，是由于这种或那种形状、这种或那种大小，并且是按照形式在自然界的变化而取得的。从这个观点可以看出：物质仿佛是从自身内部派生出度量，而不是从外部取得度量。

柏拉图学派的头目普罗提诺在某种程度上也是这样理解的。他在区别高级事物的物质与低级事物的物质时断言：前者同时是一切，并具有一切，不能发生变化，而后者，则由于自身诸部分的变化，可以成为一切，并在这个或那个时候成为一个或另一个事物，因此它总是处在差异、变化、运动之中。由此可见，这种物质从来不是无形式的，正像另一种物质一样，尽管他
264 们的形成各不相同：前者是在永恒性的瞬间形成的，后者是在时间的瞬间形成的；前者是同时的，后者是连续的；前者是蜷缩

① Аверроэс(Ибн-Рощд 伊本－路西德 1126—1198)——著名的阿拉伯哲学家和亚里士多德注释者。阿威罗伊从唯物主义方面发展了亚里士多德的学说，主张：通过潜能(可能性)表现出来的自然物之形式已经包含在物质之中，形式由于积极原因的作用从物质中产生出来。他断言：灵魂在其全部职能中跟有形体的机体相联系，因而，个体的不死是不可能的。布鲁诺承认阿威罗伊的功绩，但也公正地谴责了他对亚里士多德的盲目崇拜。

的，后者是舒展的；前者是太一，后者是众多；前者是处于一切中的一切，后者是单个的，一个事物又一个事物。

狄：所以，您是想不仅按照您自己的原则、而且也依据其他哲学家的原则来证明：物质并不是什么 Prope nihil（殆等于无的东西），也就是说，不是没有现实、没有能力和完美性的、赤裸裸的、纯粹的可能性。

泰：是这样。我称它为失去形式的和没有形式而存在的东西，并不是说，它像没有温度的冰河或像没有光明的深渊那样，而是说，它像一个没有生下孩子的孕妇，它只是从自身生育他、产生他；譬如，在我们这个半球上，夜间没有光，但是由于地球自身的运动，可以重新得到它。

狄：所以，即使在这些低级事物中，现实跟可能性如果不是完全地一致、那也是在很大程度上一致？

泰：让你自己判断这一点。

狄：假使这低级可能性最后跟高级可能性结合在一起了，那又会是怎样一种情形呢？

泰：你自己判断吧。从这里你可以上升到这样一个概念，——我指的不是我们的思考所不能企及的那种至高至善的本原，而是那世界灵魂的概念，即它如何是一切的现实，是一切的可能性，并是一切中的一切；因此，既然有着无数的个体，那么，归根到底，每一个事物都是统一的，认识这种统一性乃是一切哲学和自然探讨的目的和界域，而那最高的静观——它超越于自然之上，对于不相信它的人说是不可能。是无——仍然保持在自己的领域之内。

265 狄：这是很对的。因为只有借助于超自然之光、而不是借助于自然之光，才能升高到那个境界。

泰：谁认为每个事物或者是个简单得像以太的东西，或者是个复杂得像星球或星际物质的东西，谁不是到无限大的世界和无限多的事物之外去寻找神，而是到世界内部和众事物之中去寻找，谁就没有这种超自然之光。

狄：我觉得，一位虔诚的神学家跟一位真正哲学家的唯一不同就在这里。

泰：我也是这样认为。我觉得，我想要说的东西你已经理解了。

狄：那很好，因此我认为，从您的谈话我可以得出：即使承认物质不能超出自然事物之外，并安于最庸俗的哲学给它下的那种惯用的定义，我们也仍然能够发现：它占有一个比庸俗哲学所给予他的地位更为优越的地位。因为，庸俗哲学所能承认的，归根到底，无非是物质是自然形式的基质，是接受这些形式的能力，它没有名称，没有规定，没有任何界限，因为它没有任何实在性。

这对于某些僧侣哲学家来说，是桩难事，因为他们不是想驳斥而是要证实这个学说，于是他们便认为，物质只具有一个实体性(entité)的现实，即一个这样的现实，它不同于那个简直什么也不是、在自然中不具有任何存在的现实，就像它不同于空想和虚构的东西那样，因为这个物质归根到底是有存在的，这样也就够了，尽管这存在没有外观、没有实施，而外观和实施是以这里所没有的实在性为转移的。但是，你可以要亚里士多德说明理由，你可以对他说：哦，逍遥派的君王，你为什么宁愿主张：物质由于不具有现实而根本不存在，而不愿主张：物质由于具有一切种类的现实（即使它像你所喜欢的那样以模糊不清或混乱的状态具有这一切）而是一切？难道你不是这样的么，在谈到物质中诸形式的新存在，或事物的产生时，总是断言：形 266
式是从物质深处产生和解放出来的，你从来不说：形式由于作用因从外部产生，而总是说作用因从内部引出形式？我且撇开不谈这样一点：你把这些事物的作用因（它被你称作自然的总名称）当作内部本原，而不是像技艺物品的情形那样，把它当作外部本原。我觉得，如果它是从外部取得形式，那就应当说：它在自身中没有任何形式和现实；我觉得，如果它是从自身内部引出所有的形式，那就应当说：它具有一切形式。难道不是你么——如果你不是为理性所征服，那至少也是为通常的说法所唤醒——在给物质下定义时总是爱说：物质是**一切自然种属所由以产生的东西**，而从不说：物质是**在其中造作事物的东西**，假使作用不是产生自物质，因而，物质不具有作用的话，那又该怎么说呢？

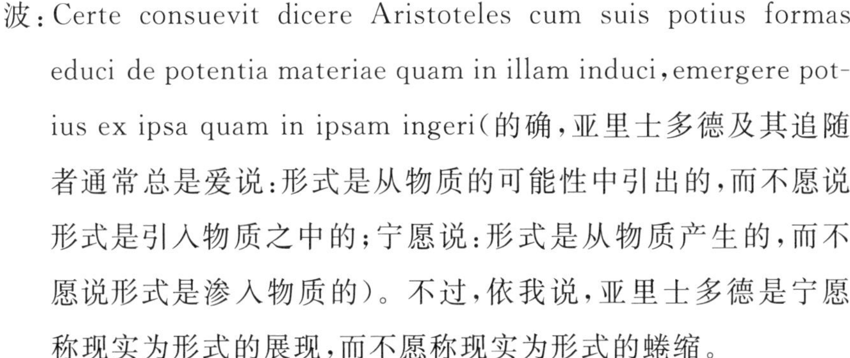

波：Certe consuevit dicere Aristoteles cum suis potius formas educi de potentia materiae quam in illam induci，emergere potius ex ipsa quam in ipsam ingeri（的确，亚里士多德及其追随者通常总是爱说：形式是从物质的可能性中引出的，而不愿说形式是引入物质之中的；宁愿说：形式是从物质产生的，而不愿说形式是渗入物质的）。不过，依我说，亚里士多德是宁愿称现实为形式的展现，而不愿称现实为形式的蜷缩。

狄：我也认为：表现出的、可感知的、舒展开的存在并不是现实的主要根据，而是现实的收局和结果。同样地，木头的实质及其现实性的根据，并不在于，比如说，它是床，而是在于：它具有能够成为床、凳、圆木、偶像以及其他木制物品的实体和特性。我且不谈这样一点：一切自然物之由自然形成，其方式要比一
267 切技艺物之由技艺形成，要高尚得多。因为，技艺从物质造作形式，或者是用减少的办法，如用石头制作雕像，或者是用添加的办法，如石叠石、木接土的建造房屋。而大自然从物质造作万物，则是通过分出、产生、流出的途径，像毕达哥拉斯派所认为的那样，像阿那克萨哥拉和德谟克利特所理解的那样，像巴比伦的智者所证实的那样。

摩西也附和他们的意见，他在描写万物的产生时，按照那普遍作用因的意志使用了如下的表达方式：**地要生出活物来，水要多多滋生有生命的物**[①]，这仿佛是说物质产生它们一切。因为，按照他的见解，事物的物质本原是水；所以他说，进行创造的理智（即他所说的神的灵）**运行于水面上**[②]，也就是说，它赋予众水以生产的能力，并从这种能力产生出自然万物、各从其类，后来这自然万物，按其实体，一概被他称之为水。所以，在谈到低级物体从高级物体分离时，他宣称：**理智将诸水分为上下**[③]，从诸水的中心，按照他的结论，出现了旱地。

由此可见，所有的人都主张：事物起源于物质，是通过分出的途径，而不是通过增添和接纳的途径。因此，与其认为物质

① 见《旧约》《创世记》，第 1 章，第 24、20 节。——译者

② 参看同上书，第 2 节。——译者

③ 参看同上书，第 6 节。——译者

没有形式、排除形式，倒不如说物质包含形式、囊括形式于自身之中。所以，将自身包含的蜷缩东西舒展开来的物质，应该称作神物和最优秀的生产者，应该称作自然万物以及全部实体自然界的生育者和母亲。难道您不是这样说、这样主张的么，泰奥非？

泰：的确是这样的。

狄：还有一点使我大为惊奇的是：我们的逍遥派没有继续跟技艺作类比。技艺在它所知道、所研究的许多物质中，认为最好的最有价值的是那不易损坏、经久耐用、并能用来造出更多物品的 268
物质。所以，它认为石头与铁比木头更高贵一些，因为前者最不易损坏；用金子则不仅可以作出用木与石所能作出的物品，而且还可以作出在美观、持久、耐用、高贵方面都更为优越的许多其他物品。但是关于那用来造作人、金子和一切自然物的物质，我们应该怎样说呢？难道不应该认为它比那技艺用的物质更为有价值并在更高的意义上具有现实性么？哦，亚里士多德，为什么关于那作为现实的根基和基础的东西，依我说，即那在作用中存在的东西，照你的话说，即那永远存在、恒久持续着的东西——为什么关于它，你不承认：它比你的形式、比你那些来来去去的隐得来希更真实些呢？既然你还想寻找这个形式本原的永恒性……

波：Quia principia oportet semper manere（因为本原总应该常在）……

狄：……而且你既没有可能诉诸跟你的观念相敌对的、柏拉图的虚幻的理念，那你就不得不就这些特殊的形式说出如下的话来：

或者它们在作用者的手中具有自己的永恒现实（不过，像这样的论断你是不会作出的，因为你把作用者称做从物质的可能性中引起形式者和显示形式者）；或者，它们是在物质的怀抱中具有自己的永恒现实；这种论断是你必然要得出的，因为，仿佛是出现于物质表面的所有形式，——你一概称为个体的、在作用中被给予的——无论是那些曾经有过的，还是那些正在产生和将要产生的，都是具有本原的东西，但并不是本原。
269 我认为，下述说法是正确的：具体的形式处于物质的表面，就像偶性处于复合性的实体的表面那样。所以，表现出来的形式，相对于物质说，其现实性应该说小一些，就像偶然形式相对于复合物说，其现实性要小一些那样。

泰：亚里士多德的确是以一种可怜的方式来解决这个问题的。他和所有的古代哲学家一起断言：本原一定是持久不易的永恒；可是，当我们进一步在他的学说中探寻那波动于物质表面的自然形式究竟在何处具有自己的持久永恒性时，我们发现，它既不是在不动的恒星中——因为，我们能够看到的这些单独的存在物，是不会从它们的高度降临人间的，也不是在那些与物质隔离的、想象的典型[①]中——因为这后者如果不是畸形的怪胎，那就比怪胎更糟，我是说，那就是空想和虚妄的幻觉。那么，怎么办呢？它们〔这些形式〕是在物质的怀抱中。从这里应该得出什么呢？应该得出：物质是现实的源泉。你想要

① 想象的典型（идеальные отпечатки）一语，布鲁诺指的是“理念”。

我多谈一些并让你看到亚里士多德荒谬到什么地步么？他断言：物质处在可能性中。你问他：它什么时候将处在现实中呢？许多人跟他一起回答道：当它将具有形式的时候。你再追问他一个问题：这重新具有存在的某物究竟是什么呢？他们懊丧地回答道：是复合物，而不是物质，因为物质永远是物质，它是不更新、不变化的。这正像技艺物那样，当用木头做成雕像时，我们并不说木头取得了新的存在，因为没有任何东西是多于或少于原来的木头的；而那取得存在和现实性的，乃是那重新被制造出来的，是复合物，我说也就是那雕像。那你 270
怎么说：可能性归属于那从来不存在于现实中或从来不是现实的东西呢？所以，物质不是存在的可能性或它所可能是的东西，因为它永远是它，是不变化的，与其说它本身在变化，不如说相对于它和在它之中有变化在发生。那变化的、扩大的、减小的、改变位置的、消灭的东西，按照你们逍遥派的主张，永远是复合的东西，从来不是物质；那么，为什么你们说物质有时在可能性中，有时在现实中呢？当然，谁也不应当怀疑，为了得到形式或为了从自身中产生出形式（这涉及它的本质和实体），它并不取得多一些或少一些的现实；因此，也就没有理由断言：它处在可能性中。这后种情况也适用于那相对于它说是处在不停运动中的东西，但不适用于处于永恒静止中的、并且简直是静止的原因的它。因为，如果形式按照其根本的和特殊的存在，是由单纯的和不变的本质构成，并且不仅在概念和推理中是符合逻辑的，而且在自然中是符合物理的，那

么，就必然得出：它包含在物质的不停断的能力中，这种能力也就是跟现实不可区分的可能性[①]，当我那么多次地谈论可能性时，我曾用许多方法来阐明过这一点了。

波：Quaeso（请）您就物质的欲望谈谈吧！也好有个办法来调停调停我和格瓦西之间的争论。

格：请您谈谈这个问题吧，泰奥非！他把女人跟物质相比拟，又说什么女人是那么不能满足于男人，就像物质不能满足于形式那样，如此等等的，说了一大篇，真把我给弄糊涂了。

泰：既然物质不从形式取得任何东西，那你为什么断言它对它怀有
271 热烈的欲望呢？如果像我们曾说过的那样，物质从自己的怀抱中产生出形式，因而在自身中具有形式，那么，你怎能断言，它对形式怀着热烈的欲望呢？物质不欲求那些每天在它表面上发生变化的形式，因为，任何循规蹈矩的事物总是追求那种能从其中得到完善的东西。但短暂之物能给那永恒之物什么东西呢？不完善的事物，如那经常处于运动之中的、感性事物

① 布鲁诺从唯物主义的立场批判亚里士多德的学说，并指出从亚里士多德的哲学所产生的困难，因为在亚里士多德那里，归根到底，形式是跟物质分离的。形式是永恒的本原，并且不能处在“第一推动者”之中：在这种情况下形式就会是从外部被引入物质，而物质，在自身中含有具体形式的可能性。形式也不可到彼岸事物中去寻找：既不是在星体中，因为，我们能够看到的这些单独的存在物，是不会从它们的高度降临人间的，也不是在那些与物质隔离的柏拉图的理念中，因为这后者，像亚里士多德本人所说的，是空洞的幻想。因此，形式只能到物质本身内部去寻找，物质是自我等同的，形式之依属于它，就像偶性之与实体那样。但是在这种情况下，物质便是全部现实的源泉，而按照亚里士多德的说法，它无论如何是一定不能成为这种源泉的。这样，亚里士多德的学说便导致无法摆脱的矛盾。布鲁诺以此为根据得出结论说：物质具有实体性质，在它之中可能性无异于现实。

的形式,能够给那完善的事物什么东西呢?这完善的事物,如果正确地去查看,那就很明显,它乃是万物中神明的存在,这也许正是迪南托的大卫[1]所想要说的,尽管传达他的见解的某些作者曾对他作了不恰当的理解。那永恒、完善之物不渴望被那短暂不完善之物保存,因为短暂之物不能保存永恒之物,此外,很明显的是:物质保存着形式。所以,倒是这种形式应该热切地求助于物质,以便能继续存在下来,因为,形式一旦离开物质,便要失去存在;而物质则不作此希求,因为,它具有它在该形式遇上它以前就具有的一切,并且还可以具有其他的形式。我且避开不谈那样一种情况:即当有了消灭的原因时,那时并不说形式摆脱物质或丢下物质,倒是说:物质抛开这个形式,以采取另一个形式。说起来,我还撇开了这样一点:当我们断言物质欲求形式时,我们的根据并不比作相反的论断——物质憎恨形式时更多一些(我说的是那些形式,它们有产生、有消灭,因为形式的源泉是不追求它自身中所具有的东西的,正像人们不会追求他们已经占有的东西那样),因为,如果有理由说物质欲求它所得到、它所产生的东西,那么当物质抛开它、消除它的时候,我们也可以根据同样的理由说:物质厌恶它;而且,厌恶它的程度,比欲求它的程度甚至更强烈

① Давид из Динанта——12世纪末哲学家,他的著作在1209年受到教会的谴责。他主张:神、理性、物质是同一个东西。神是万有的物质本原。理性包含着一切无形体物的可能性,物质则包含着一切有形实体的可能性。假使理性和物质彼此没有区别,那么,在它们之上必有一个最高的物质,来包括它们二者的可能性。但是由于在太初物质之上没有任何东西,所以,理性和物质是一个东西,二者跟上帝是一回事。

272 一些,因为它是永恒地抛弃那些可用数字表示的形式的,这些形式它仅能保持一个很短的时间。所以,如果你记得:它得到多少形式,也就抛开多少形式,那你就一定会允许我说:物质对形式是厌恶的,就像我也允许你说她渴望他们一样。

格:好,这一下子波里尼的以及所有和他站在一起的人的空中楼阁可垮台了。

波:Parcius ista viris(记住,像你这样指责人,还是要小心点)!

狄:我们今天讨论得够了,让我们明天再聚会吧!

泰:好。再见!

——第四篇对话终——

第五篇对话 273

泰：所以，宇宙是统一的、无限的、不动的。我说，绝对可能性是统一的，现实是统一的，形式或灵魂是统一的，物质或物体是统一的，事物是统一的，存在是统一的，最大和最好是统一的。宇宙无论如何不能被包含，因此是不可计量的和无边际的，因而是无限的和无尽的，因之是不动的。

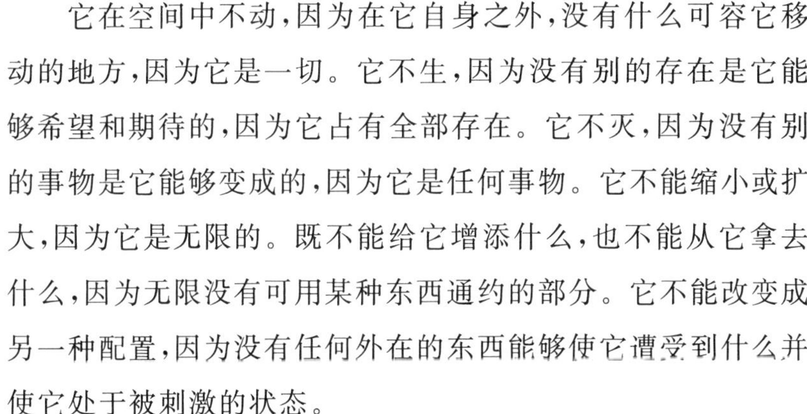

它在空间中不动，因为在它自身之外，没有什么可容它移动的地方，因为它是一切。它不生，因为没有别的存在是它能够希望和期待的，因为它占有全部存在。它不灭，因为没有别的事物是它能够变成的，因为它是任何事物。它不能缩小或扩大，因为它是无限的。既不能给它增添什么，也不能从它拿去什么，因为无限没有可用某种东西通约的部分。它不能改变成另一种配置，因为没有任何外在的东西能够使它遭受到什么并使它处于被刺激的状态。

此外，由于它在自己的存在中，含包着处于统一和一致的全部对立面，和不可能具有成为另一个新存在甚或仅只取得另 274
一种存在方式的任何倾向，故它不可能在某一属性上经受变化，而且不可能具有任何相反的或迥异的东西作为自身变化的原因，因为在它之中任何事物都是一致的。它不是物质，因为它没有形状，而且不可能具有形状，它是无限的和无际的。它不是形式，因为它不形成别物，不赋予别物以形式，因为，它是一切，是最大，是太一，是宇宙。

它是不可计量的，并且也不是度量。它不包含自己，因为它不比自己大，它不被自己包含，因为它不比自己小。它不允许比较，因为它不是一个和另一个，而是同一个。由于它是同一个，它不具有一个存在和又一个存在，由于它不具有一个存在和又一个存在，所以它不具有一个部分和又一个部分；而且由于它不具有一个部分和又一个部分，所以它不是复合的。它是界限，以致它不是界限；它是形式，以致它不是形式；它是物质，以致它不是物质；它是灵魂，以致它不是灵魂；因为它是没有差异的一切，所以它是统一的；宇宙是太一。

在它之中，当然，高度不会比长度和深度大，因此，按照某种类比，它被称作球体，但并不是球体。在球体中，长度跟宽度和深度一样，因为它们具有相同的界限；但是在宇宙中，宽度、长度和深度相同，乃是因为它们同样地没有界限和同是无限的。

如果它们没有$\frac{1}{2}$、$\frac{1}{4}$以及其他比数，如果这里没有度量，那么这里也就没有可通约的部分，也就绝对没有不同于整体的部分。因为，如果你想称它为无限的一部分，那就必须称它为无限的；如果它是无限的，那它便和整体吻合于一个存在了；可见，宇宙是统一的、无限的，是不可分割成部分的。

再者，如果在无限中没有像部分与整体、一个与另一个的

差异，那么，毫无疑问，无限是统一的。按照无限这个概念，它 275
不是一个较大的部分，也不是一个较小的部分，因为一个无论如何大的部分也不会比一个无论如何小的部分更接近于无限的状态；所以，在无限长的时间中，一小时无异于一日，一日无异于一年，一年无异于一世纪，一世纪无异于一瞬间；因为与永恒比起来，它们，瞬间或小时并不大于世纪，一方也不小于另一方。

同样，在无穷尽的空间中，一拟[①]无异于一斯塔第[②]，一斯塔第无异于一波里[③]；因为对于测量无限来说，波里不会比杈更合适一些。所以，无限多的小时不大于无限多的世纪，无限多的拟在数量上也不大于无限多的波里。人的存在不比蚂蚁的存在、星球的存在不比人的存在更接近于无限的可通约性、无限的相似、统一、同一，因为太阳、月亮的存在也不比人或蚂蚁的存在更接近于这个存在，因此，在无限中这些东西是不可区分的；关于这些东西我所说的一切，也适用于一切其他单独存在的东西。

但是，如果所有这些单独存在的东西，在无限中不是一个和另一个，不是各异的，不是各样的种，那么根据必然的推论，它们不是数；由此可见，除开上述情形外，宇宙也是不动的。这是因为它包含一切，不允许有一个和另一个存在，它不以自身

① 一拟（пядь）——拇指和食指伸开量东西的长度，或最小的长度。如一寸。——译者

② 斯塔第（стадий）——古希腊长度名，约合174—230米。——译者

③ 波里（парасанг）——波斯之长度名，约合4英里。——译者

传递任何变化，也不在自身中经历任何变化；因之，它是它所可能是的一切，而且在它之中，如我前天所说过的那样，现实跟可能性是没有差别的。

如果现实无异于可能性，那必然得出：在它之中点、线、面、体彼此没有差别；因为，一条线之所以是面，是由于它在移动时
276 可能是面；一个面之所以移动了并变成了体，是由于它能够移动和能够借助于它的移动形成体。所以，必然的结论是：在无限之中，点无异于体，因为，点，从点的存在滑动，便成为线；从线的存在滑动，便成为面；从面的存在滑动，便成为体；是以，点，既然具有成为体的可能性，因之，凡是在可能性与现实是一个东西的地方，点也就无异于体的存在。

由此可见，不可分的东西无异于可分的东西，最简单的东西无异于无限的东西，中心无异于圆周。这样，无限既然是它所可能是的一切，故是不动的；因为在它之中一切都不可区分，所以它是太一。由于它具有任何地方可能有的全部伟大与完善，故它是最大的与最好的无际。

既然点无异于体，中心无异于圆周，有限无异于无限，最大无异于最小，那么，我们可以十分有把握地断言：整个宇宙完全是中心，或者，宇宙的中心处处在，任何部分上都没有圆周，因为它是不同于中心的，或者说，圆周处处在，但任何地方都没有中心，因为它是不同于圆周的。因此，最好、最大、不可包含者是一切，是处处在，是在一切之中，——这不仅不是不可能的，而且是必然的，因为，作为简单的和不可分的东西，它能够是一切、是处处在、是在一切之中。因之，这样的话并不是徒托空言

的:宙斯充满万物[1],居住于宇宙的所有部分之中,是具有存在的东西的中心,是一切之中的太一,对于它来说,太一就是一切。既然它是万物,并在自身中包含着全部存在,这就造成这样一种情况:在任何一个事物中都有任何一个事物。

但是,你们会问我:为什么事物要变化呢?为什么局部的物质急于寻求另外的形式呢?

我给你们的回答是:变化所寻求的,不是另一个存在,而是另一种存在样式。宇宙和宇宙万物之间的区别也是这样的;因 277
为,前者包含全部存在和所有的存在样式;而后者中的每一个,具有全部存在,但并不具有所有的存在样式。事实上它[2]也不能具有全部的属性和偶性,因为许多形式是不能共容于同一个基质之中的,这或者是由于它们彼此对立,或者是由于它们属于不同的种类,譬如,就马和人的偶性而言,就某一植物和某一动物的大小而言,就不可能有同一个个体基质。

其次,前者[3]完完全全地包含着全部存在,因为,除了无限的存在和在它之外,是没有任何东西的,因为没有什么是在它之外和除它之外的;而后者中的每一个[4]虽也包含着全部存

---

① 布鲁诺指的是斯多葛派克雷安特的颂神诗。克雷安特(纪元前331—前232年)是芝诺的学生和廊下讲学的继承者,他的著名的颂神诗《宙斯颂》,曾由斯托拜欧给我们保存下来。宙斯(Зевс,或Jupiter)按即古希腊人所信仰的最高的神,通常被描绘为手持闪电的雷神。——译者

② 指宇宙万物中的每一物。——译者

③ 指宇宙。——译者

④ 指宇宙万物中的每一物。——译者

在，但不是完完全全地包含着，因为，除它们中的每一个以外，还有无数个其他的。因此，您应该明白，全部存在处于一切之中，但不是完完全全地和以所有的样式处于每个之中。因此您也会明白，每个事物都是太一的，但样式不一。

因之，把太一的存在称作存在、实体、实质的人，是不错的；它无论在实体方面或在持续性、广延性、力量方面，都是无限无尽的，所以它既没有开端的意义，也没有受开端制约者的意义；因为，由于任何事物都吻合于统一和同一——我说的是那同一个存在——，故它具有绝对的、而不是相对的根据。

在太一、无限、不动者中，即在实体、实质中，存在着众多性、数；不过，后者虽是存在（它以物标示物）的样式和多形性，但并不因此使存在成为多于太一的东西，而是使它成为多样的、多形的、多状的东西。所以，如果我们同自然哲学家一起进行严肃认真的思考，并把逻辑学家及其虚构搁在一旁的话，那
278 我们就会发现，凡是构成差别和数的一切，都是纯粹的偶性，纯粹的形状，纯粹的补充。每一个制作品，不管是什么样的，都是改变，因为实体总是同一个实体，因为只存在着一个实体，一个神明的、不灭的本体。

关于存在，毕达哥拉斯有一句名言说，它不怕死亡，但期待着改变。所有被庸俗地称作物理学家的哲学家，都能够了解这一点，他们断言，在实体方面，没有任何东西产生和消灭，如果不把这理解为变化的话。

所罗门[1]也了解这一点，因为他说：在太阳之下，没有任何东西是新的，现在所有的，以前就已经有了[2]。

由此，你们可以看出，万物是怎样地处于宇宙之中，而宇宙又是怎样地处于万物之中；我们是怎样地处于宇宙之中，宇宙是怎样地处于我们之中。这样，一切便汇集于完善的统一中了。

正因为如此，所以我们不应该压抑自己的隐衷；正因为如此，所以没有任何东西可以使我们沮丧。因为这个统一是唯一的、常驻不变的，它永远存在；这个一是永恒的。任何外貌、任何面容、任何其他事物，都是虚幻、都是无。在此太一之外，一切都是无。

那些找到了这个统一的哲学家，便得到了智慧为其女友。智慧、真理、统一实际上是同一个东西。说真实、太一、存在是一个东西，谁都会，但并不是所有的人都理解这一点，因为，别的人们虽也使用这种说法，但并不掌握真正贤哲的理解方法。在这些人中间，我们可以看到亚里士多德，他既没有找到太一，也没有找到存在，也没有找到真实，因为他不明白存在就是太一；虽然他有可能使用存在（作为实体和偶性的共通者）的意义，并在此之外，又借助于那么多的差异把他在种与属方面的范畴加以区分，可是，他仍然是远离真理的，因为，他没有深入

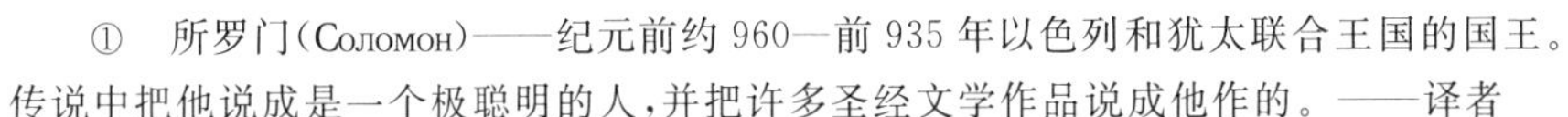

① 所罗门（Соломон）——纪元前约960—前935年以色列和犹太联合王国的国王。传说中把他说成是一个极聪明的人，并把许多圣经文学作品说成他作的。——译者

② 布鲁诺认为，实体是不可消灭的，变化和复多只是与偶性有关系；在这一思想中包含着对宇宙永恒性的承认。

279 地认识永恒的自然和存在的统一性和无差别性。他作为一个干巴巴的诡辩家，借不诚实的解说和肤浅的证明，歪曲古人的论断，而与真理相违反[①]，也许这不是出于悟性的虚弱，而是由于嫉妒与虚荣之心。

狄：所以，这个世界、这个存在、宇宙、真实者、无限者、无边无际者，在其每一个部分中都是全部，正像它到处都是同一个东西一样。所以，宇宙中所有的一切，不管它们相对于其别的单个物体说是什么东西，相对于宇宙而论，则是借助于全部、按照自身的能力而存在的，因为它是在上、在下、在后、在左、在右，并按照所有的处所差别存在着，因为在全部无限中，所有这些差别是存在的，但其中的任何一个是不存在的。

宇宙中的任何东西，在自身中具有那种由于一切而是一切的东西，所以在它的样式中包含着全部世界灵魂，尽管，如我们前面所说过的，不是完完全全地包含着；世界灵魂在宇宙的任何一个部分中都是全部。由此可见，由于现实是太一的，并处处构成太一的存在，所以我们不应该认为，在世界上有着众多的实体和真实存在。

其次，如我所知，您认为明显若揭的是：我们可以看得见的、宇宙中这些无数的世界，每一个处于宇宙中不像处于某一

① 要了解布鲁诺对亚里士多德的严厉批评，就必须注意到：被中世纪经院哲学家歪曲了的亚里士多德的学说，是封建制度下占统治地位的思想体系，并且成了科学进步的极其严重的障碍，关于这种歪曲，列宁曾这样说道："僧侣主义扼杀了亚里士多德学说中活生生的东西，而使其中僵死的东西万古不朽。……经院哲学和僧侣主义抓住了亚里士多德学说中僵死的东西，而不是活生生的东西：寻求、探索、迷宫，人迷了路。"（列宁：《哲学笔记》，人民出版社 1974 年版，第 415、416—417 页）。

地方、某一处所或某一空间那样，而是像处于这种状态：一个东西包含着、卫护着、推动着、产生着它。这样，这包含者、卫护者、推动者和产生者便完完全全地包含在这些世界的每一个之中，就像整个灵魂完全地包含在它的每个部分中一样。

因此，尽管某一个世界向着和围绕着另一个世界运动，就像地球向着和围绕着太阳运动那样，但是，没有任何东西是向着或围绕着宇宙运动的，而只能在它之中运动。

此外，您还认为，像灵魂处于整个庞大的质量中一样—— 280
灵魂赋予它以存在（这符合通常的见解），而同时又是不可分的，从而同等地处于一切之中，并且是完完全全地，在任何一个部分之中，——宇宙的实质在无限中和在作为它的肢体的任何一个事物中也是统一的。因此，从实体方面看，宇宙及其任何一个部分实际上都是统一的。所以巴门尼德说存在是统一的、无限的、不动的，这种见解是可以接受的，尽管巴门尼德的真正思想在我们看来仍然是不可靠的，因为它是由一位不太可靠的作者[①]传递给我们的。

您认为，人们从诸物体身上所觉察到的各种不同，诸如形式、状态、特点、颜色以及其他独特的个性和一般属性，所有这一切无非是同一个实体的各种不同的外观，是不动的、稳定的、永恒的存在的流逝的、变动的、变易的外观。在这个永恒存在之中，包含着所有的形式、形状和肢体，但不可区分，好似一块

① 这里布鲁诺指的是亚里士多德，他在此以前也曾指责过他，说他歪曲了古代作家的学说。

烧结矿一般。在精子中情形也是这样，臂跟手、胸跟头、神经跟骨骼都没有分别。这些部分的析离显现并不产生出另一个新的实体，而是使与那个实体相关的某些特点、差别、偶性和秩序作用起来，发生效用。

精子之于动物肢体，犹食物之于乳汁、血液、黏液、肌肉、精子，这里我们关于精子所谈的一切，在食物亦然；在形成食物或他物以前的任何东西也是如此；所有的东西都是这样。我们从自然的最低阶上升到最高阶，从哲学家所认识的、物理学上的普遍性升高到神学家所信仰的原初形态，如果愿意的话，最后我们可以到达普遍的太初实体，它等同于一切，我们称它为存
281 在，为一切种属和一切形式的基础。比如，在木匠活中，始终是一个木的实体，它经受种种的度量与形状，但这些度量与形状并不是木，而是来自木、在木之中、与木相联系。所以，凡是构成不同的种、属、特点、属性的，凡是经受生、灭、变、易的，凡此一切都不是存在者，不是存在，而是存在者和存在的条件和状态。而有、存在，是太一的、无限的、不动的，是基质、质料、生命、灵魂，是真与善。

您认为，由于存在是不可分的并是高度简单的，因为它是无限的，因为它是全部处于全部和全部处于每一部分之中地作用着（因此我们说："**无限中**的一部分"，而不说："**无限的**一部分"），所以，无论在何种情况下我们都不能认为：地球是存在的一部分，太阳是实体的一部分，因为实体是不能分成部分的。但是，说"部分的实体"是允许的，如果说"处于部分之中的实体"则更好。同样，不可以说灵魂的一部分处于手中，灵魂的一

部分处于头中，但是，说头这个部分中的灵魂，手这个部分的或手这个部分之中的实体，则是完全正确的。

因为，份、部分、肢体、全部、如此之多、如彼之多、较多或较少、**如这个**、**如那个**、**自这个**、**自那个**、**吻合**、**不同**以及其他关系，不表示单一的绝对者，故不能与实体、太一、存在发生关系，而只能作为样式、关系和形态凭借于实体、处于太一之中，从属于存在。

关于某一实体，通常说它是量、质、关系、作用、遭受，或以其他情状表征出来，关于太一、最高的存在，情形也恰是这样，在它之中现实跟可能性是没法区分的，它能够绝对地是一切，并是它所可能是的一切，就其非舒展的状态说，它是一、是无 282
度、无限，包罗全部存在，就其舒展的状态说，它存在于我们周围的可感知的物体中，存在于我们可以觉察得到的、可以区别的现实和可能性中。

因此，您认为，被产生者和产生者（后者如庸俗哲学家所说的，只是另一状态或同一状态的动因），以及产生之所从出者，总是属于同一个实体。因此，赫拉克利特的意见，在您听来，并无不当；他说：万物皆一，它因变异性而在自身中包含着一切。而且，既然一切形式都处于它之中，因而一切规定都适用于它，因此，相互矛盾的判断都是真实的[①]。那构成物的多样性者，并不是存在，不是物本身，而是显现出来的东西，是呈现于感

① 布鲁诺在这里走近了朴素的辩证的矛盾观，并与亚里士多德进行论战，后者曾这样地规定了形式逻辑的基本规律：“两个表述，如果一方肯定了另一方所否定的东西，则总是：一个是虚假的，一个是真实的”。

官、浮于事物表面的东西。

泰:是这样的。不过,除此之外,我还希望你能更深入一步地理解这一门极端重要科学的主要之点,大自然的真理和秘密的这一极端牢固的基础的主要之点。第一,我希望你能觉察到:在同一个阶梯上,自然下降而生育万物,理智上升而认识万物,而且,二者都是通过繁多的中介从单一走向单一的。

我且不谈这样一个事实:逍遥派和许多柏拉图派,由于他们的哲学方法,一方面是使最纯粹的现实、另方面是使最纯粹的可能性,先行于作为中介的繁多事物。而其他的人则想借助于某种比喻法,把黑暗与光明用来构造无数层次的形式、形象、形状与颜色。随在那些主张两个开端和两个本原的人们之后的,是另一些人,即多头统治的敌人和反对者[①];他们使这两个
283 本原吻合于一,它是深渊与黑暗,同时也是明朗与光明,是深沉不可透视的昏黑,同时也是天上灿烂夺目的光明。

第二,请您注意,理智想摆脱和丢开与之联在一起的想象力时,除了求助于数学上的和想象出来的图形以期借助于它们或通过比拟之法来理解事物的存在和实体之外,还把样态的众多与繁异归咎于同一个根源。

譬如,毕达哥拉斯认为数是事物的特殊本原,把一作为万物的基础和实体;柏拉图和别的人认为类是些图形,并把点当

---

① 亚里士多德在《形而上学》(第12卷第10章)中,要求哲学从一个统一的最高原则出发。为证实这个原理,他引用了《伊利亚特》(第二诗篇,204)的话说:

“在多头政治之下没有幸福;

统治者将只有一个”。

作一切图形的同一根源和基础，认为点是实体和普遍的种。也许，面与图形这就是柏拉图所理解的**大**，而点与原子也就是他所理解的**小**，因为他曾谈到，事物具有双重的特殊本原，这双重本原进一步归结为一，就像一切可分割的归结为不可分割的那样[①]。

由此可见，凡是主张一是实体本原的人，都是把实体了解为数，凡是主张点是实体本原的人，都是把实体了解为图形。而且，他们在承认本原是不可分割的这一点上，全都一致。不过，毕达哥拉斯的方法比柏拉图的方法更好一些，更纯净一些，因为单一性是不可分割性和点截性的原因和根据，而且这个本原更绝对，更适用于普遍的存在。

格：柏拉图的生活年代比毕达哥拉斯晚，可是为什么他不像毕达哥拉斯那样来教或者比他教得更好一些呢？

泰：因为他宁愿讲得坏些，讲得欠妥、欠当，可是能以老师自居；而不愿讲得好些、讲得更恰当一些，以免落个徒弟的名声。我是
想说：他的哲学所追求的目的，在更大的程度上是他自己的荣 284
誉，而不是真理。因为，无可怀疑，他很明白，他的方法更适合于有形体的和可从形体上考察的东西，而那另外的一个方法，却能同样地适用于、适合于理性、想象力、理智、这个自然和另个自然所能生产的一切其他事物。

像每个人所承认的那样，柏拉图并不是不知道：单一和数

① 柏拉图在晚年，把毕达哥拉斯有关数论的一些东西，大量引进了他的理念论。布鲁诺关于“大”应理解为面、“小”应理解为点的猜测，在历史文献中没有得到证实。

必然地规定着点与图形，并为其提供根据，而不是必然地被点与图形所规定，不是从点与图形取得根据，这正像可度量的和有形体的实体取决于无形体的和不可分割的实体那样。此外，前者不依赖于后者，因为数的根据可以没有度量的根据而存在，但是后者不能不依赖于前者，因为，度量的根据如果没有数的根据便不存在。

所以，算术上的类比和通约，比几何学上的更适于帮助我们利用数值来观察和认识这个不可分割的本原。既然这是万物的唯一而又根本的实体，那么，就不可能使它具有一个确切而固定的名字，具有一个只有肯定意义而无否定意义的称呼。正因为如此，所以有些人称它为点，有些人称它为一，有些人称它为无限，以及诸如此类等等。

在这里，我们附加上那已经说过的，即当理智想了解某一事物的实质时，它便诉诸尽可能简化的办法；我是想说：当理智从易逝的偶性、大小、标志和形状追溯到构成这些事物之基础的那个东西时，它便远远地离开了复杂性和众多性。譬如，一本冗长的著作或一篇琐细的演说，只有在压缩成一个简单的根本的思想时，我们才理解它们。通过这一点理智向我们明确地指出：事物的实体在于一，理智是从真理中或从类比中寻找一的。

285 请你相信我，最有经验、最精湛的几何学家乃是那种能够把分散在欧几米德原理中的所有定理归结为一个唯一定理的人；最卓越的逻辑学家是那种把一切思想归结为一种思想的人。

这里包含着智慧的等级，因为，低级的智慧只有借助于许多的种类、对比和形式，才能了解许多事物，较高级的智慧借助于不多的东西就能理解得更好些，最高级的借助于很少很少的东西就能理解得尽善尽美。

头等智慧能在一个思想里以最最完善的方式包罗一切；神明的智慧，绝对的统一，无须任何的表象，它本身就是理解者和被理解者。因此，我们上升到完善的认识时，就是把繁多性综合起来，正像下降生育万物时把统一性展开那样。下降是从太一的存在到无限多的个体，上升则是从后者到前者。

总之，在结束这第二个论断时，我要说：当我们集中注意、努力达到事物的本原和实体时，我们是在向着不可分割性的方向前进；而且我们从不认为我们已经到达了太初的存在和普遍的实体，如果我们没有达到这个包罗一切的、单一的不可分割者的话。由于这种缘故，只有当我们达到了对不可分割性的理解时，我们才认为是理解了实体和实质。

根据这一道理，逍遥派和柏拉图派把无限多的个体归咎到许多类的一个不可分割的根据上面去；无数的类从属于一定的种（按照阿尔希塔[①]的意见，共有十个种），一定的种从属于单一的存在、单一的物。这个物和存在被他们理解为名和称谓，

① 塔仑丁人阿尔希塔（纪元前430—前348年）——希腊数学家，毕达哥拉斯派哲学家。布鲁诺根据辛普里茨的证明，认为论范畴一书是阿尔希塔写的，辛普里茨在亚里士多德《范畴篇》注释中，曾大量引用了该书的片断。其实，此书系出自新毕达哥拉斯学派。它被新毕达哥拉斯派看做阿尔希塔写的，是为了论证这样一个虚伪的论断：似乎阿尔希塔就已发现了亚里士多德的范畴。

理解为逻辑上的意图，而归根结底，理解为无。因为，进一步从物理学的角度来谈时，他们认为万有的实在和存在的本原只是
286 概念和共通的名称，这个概念和名称可以适用于一切被说出、被理解的东西。这，当然，是由于理智的局限性而造成的。

第三，你应当知道，由于实体和存在不同于和不依赖于量，所以度和数不是实体，而只是隶属于实体，不是存在，而只是存在的一个东西。由此应该得出，我们必须说：实体就其实质说没有数和度，因此它在所有的单独事物中都是统一的和不可分的；而后者（即单独的事物）则是从数、即从那仅为实体所属有的东西，取得单独的意义的。

所以，凡是把波里尼作为波里尼来认识的人，他所认识的不是一个单独的实体，而是处于单独事物之中的实体，处于从属于实体的种种差别之中的实体。在实现自己时，实体借助于类把这个人置于数和众多性之中。

这里，动物机体的某些偶性形成众多种类的动物，正像人类本性的某些偶性形成了众多的人的个体一样。同样，某些生命上的偶性形成一切有生物和活物的各种变种。同样，某些形体上的偶性形成形体性的各种变种。与此相同，存在[①]的某些偶性形成实体的各种变相。同样地，存在的某些偶性形成实质、真理、统一、有、真、一的变种。

第四，拿一些图形和验证法来说吧，我们希望借助于这些

① Субсистенция（subsistence）亦可译为“现有”、“具体的有”、“具体的存在”等，按指最高实体的各种变相。——译者

东西得出这样的结论:对立面吻合于一;从这里不难最后引出:万物都是统一的,正像所有的数,不管偶数或奇数、有限数和无限数,都可化为个数一样。个数重复了有限的次数,便得出一个数,个数重复了无限的次数,便否定了数。

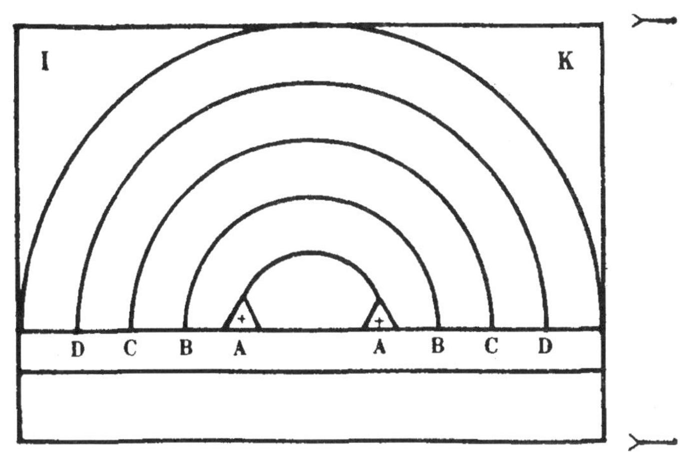

第 1 图

让我们从数学中举出一些图形,从其他伦理和思辨科学中举出一些验证方法。那么,关于图形,请您告诉我,什么东西比 287
圆周更不像直线?什么东西比曲线更对立于直线?然而在本原和最小中它们是一致的[1];所以,在最小的弧和最小的弦之间你能找到什么区别呢?——这正像那位几何学的最美妙奥妙的发现者库萨的尼古拉[2]所神明般地指出的那样。其次,在

① 在这个问题上,布鲁诺接近于库萨的尼古拉,证明可以效果丰硕地把对立面一致的原则运用于数学之中。

② 库萨的尼古拉(1401—1464)——在某些方面是布鲁诺的哲学先驱,是对立面一致原则的拥护者。

最大中，你能从无限的圆周和直线之间找到什么区别呢？难道你看不出，圆周愈大，它实际上也就愈加接近于直线么？谁能如此之瞎，以致看不出大于AA弧的BB弧、大于BB弧的CC弧和大于其他三个弧的DD弧表明它们是愈来愈大的圆周的一部分、并从而愈来愈接近用IK表示的无限长的直线亦即无限大的圆周的直度呢？这里，当然，必须说和必须承认：弧在愈
288 来愈大时，也就愈来愈比较直，所以，在所有的弧中那最大的弧也一定是所有的弧中最最直的。所以，归根到底，无限长的直线便成了无限大的圆周。由此可见，不仅最大和最小吻合于一个存在中，像我们在别处所已经证明了的那样；而且在最大和最小中对立面也是归于一、归于无区别的东西的。

此外，也许你乐意拿一些有限的类跟三角形相比，因为，由于第一有限者和第一有界者的影响，一切有限之物，根据某种类似，都分享有限性和有界性（正像在所有的种中一样，一切类似的宾词都从该种中的第一者和最大者取得自己的意义和价值）；三角形是第一图形，它不能分解为另一种更加简单的图形（可是，相反的，四角形则能分解为几个三角形），因而是具有边界和形状的任何事物的第一基础。在这种情形下你将会发现：三角形不能分解为另一种图形，也不能变为这样一些三角形，这些三角形尽管各不相同、各不一样，但其三个角的和却会大于或小于各种各样的、大一些和小一些的、最小的和最大的三角形的三角和。因此，如果拿一个无限大的三角形来（我说的不是实在的、绝对的，因为无限是没有形状的，我说的只是一种假定，因为对于我们所要证明的东西说，角是必要的），那么，它

的三角和就不会大于最小的有限的三角形的三角和,至于中等的和最大的三角形,那就更不必说了。

如果撇开图形与图形的比较(我指的是三角形与三角形相比),而用角与角相比,那么,不管它们有多么大和多么小,它们都是相等的,这一点从这个正方形中可以清楚地看出来。正方 289
形被对角线分为若干个相似三角形;由此我们看到:不仅直角A、B、C是相等的,而且由于上述对角线的划分而得出的所有锐角也是相等的,这个对角线构成成对的三角形,所有的三角形都有相等的角。

根据极其明显的类比,从这里可以看出,一个无限的实体如何可能全部地处于一切事物之中,尽管在一些事物之中它是以有限的方式,在另些事物之中是以无限的方式,在前者是在较小的程度上,在后者是在较大的程度上。

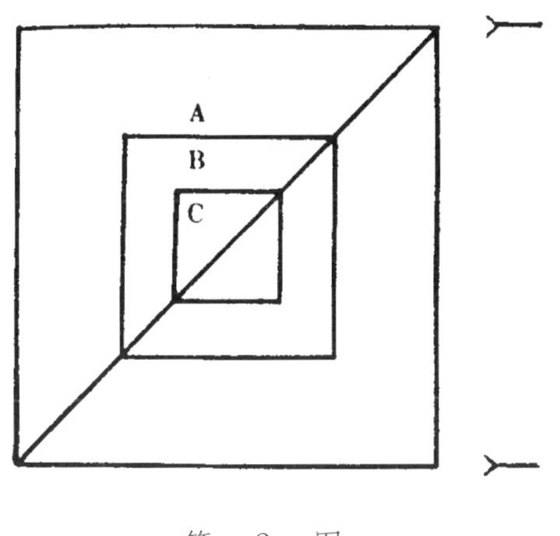

第 2 图

此外,(为了能够看出对立面吻合于这个太一和无限中),你还要注意:锐角和钝角是两个对立面,它们以一定的方式产生于同一个不可分割的本原,即由那条跟水平线 BD 交于 C 点的垂直线 MC 所形成的倾斜度(参看图 3)。MC 依 C 点为据,用简单地向 D 点倾斜的办法,在形成两个毫无差别的直角之

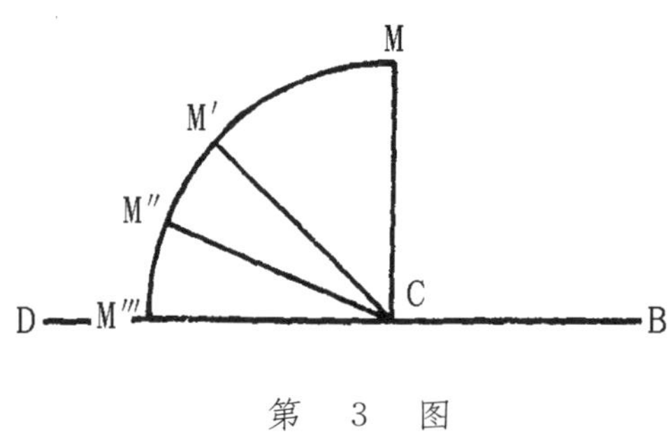

第 3 图

后，便开始按照对 D 点的愈益接近，形成钝角与锐角之间的愈益增大的差别。当它到达 D 点并与 BD 相合之后，便形成钝角和锐角的毫无差别，以相同的方式消灭了二者，因为它们在同一条线的可能性中合并为一了。正如 MC 能跟 BD 合一并变得与 BD 无异那样，同样地
290 MC 也能与 BD 分离、变成与它不同的东西，从而从同一个统一的不可分割的本原中产生出极为对立的角来，这就是最大的锐角和最大的钝角，以至最小的锐角和最小的钝角，其次它还导致直角的毫无差别，以及垂直线与水平线合一时的一致。

其次，谈到验证方法，第一，谁不知道关于有形自然界的第一能动的质[①]，谁不知道，热的本原是不可分割的，但可从任何热分离出来，因为本原不应该是受本原制约的任何东西？如果是这样，那么，对于本原既不是热也不是冷、而是热与冷的同一这个论断，谁还会犹疑不决呢？难道说从这里不应得出：一个对立面是另一个对立面的本原，变化之带有循环性质，只是因为存在着一个基质、一个本原、一个界限、一个持续和一个两极

---

① 在谈到能动的质时，布鲁诺指的是贝尔纳丁诺·特勒肖的自然学说，根据这个学说，自然界有两种能动的基质或本原（热与冷）；有形体的物质在热的影响下，扩展开来并趋于稀疏，在冷的影响下，凝聚起来并趋于浓密。热本原产生所有的运动和生命，而冷本原则产生不动和静止。这两个本原处于经常的相互斗争中，而且任何一方都不可能被完全消灭。物质本身不具有任何的质，由于来自物质的这种斗争，便产生出许多单一的事物。

吻合？难道说最小的热和最小的冷不是同一个东西么？难道向着冷的方向的运动不是从最大的热的界限得到其本原的么？

从这里可以明白，不仅相对立的两个最大和相一致的两个最小在一定的场合下汇为一流，而且最大和最小由于辗转变化也汇为一流了。所以，医生在最好的情况下担心有坏的结局，
有远见的人在最幸福的时刻感到特别畏缩，这并不是没有原因 291
的。

谁看不见产生与消灭的本原是统一的呢？难道消灭的最后界限不就是产生的本原么？难道我们不是同时说：此去、彼来，过去是彼、现在是此么？当然，如果我们仔细思索一番，那就会看出，消灭无非是产生，产生也无非是消灭；爱就是恨；恨就是爱；归根到底，对反面的恨也就是对正面的爱，对前者的爱也就是对后者的恨。因此，就实体、就根源而论，爱和恨、友谊和敌对是同一个东西。

对于医生说，有什么东西比毒药更适于攻毒呢？有什么东西能比蝮蛇提供更好的消毒剂呢？在最强烈的毒品中有着最好、最能治病的药剂。难道说一个可能性不是包含在两个相反的对立面中么？那么，这种情形如果不是由于：太一是存在的本原，正如太一是感知这个和那个事物的本原一样；对立面属于一个主体，正如它们被同一个感官感知那样；——如果不是由于这些，那么，依你看又会是由于什么呢？这里我且不谈：球形物具有均等的边限，凹停驻于凸之中，急躁者和稳健者生活得融洽，最傲慢者最喜欢谦虚者，吝啬者最喜欢慷慨者。

现在我们来总结一下。——谁要认识自然的最大秘密，那

就请他去研究和观察矛盾和对立面的最大和最小吧。深奥的魔法就在于：能够先找出结合点，再引出对立。

贫乏的亚里士多德[①]在思想上就曾力图达到这一点，他把某种倾向性跟“缺乏”联在一起，把“缺乏”看作形式的鼻祖、父亲和母亲，但他没能达到这一点。他所以没有到达这一点，是因为：他在谈了对立的种概念之后，停滞下来，没有下降到对立
292 性的属概念，故没有达到、也没有看到目的，而在离开目的的各个方向中徘徊迷津了，却断言什么对立面实际上不能契合于同一个对象中。

波：您高超地、出色地、原原本本地论述了一切、最大、存在、本原和太一。但是，我想请您再谈谈太一的种种区别，因为我在圣经中发现这么一句话：Vac soli(“……人独居不好”)[②]。此外，我还感到大大的忧虑不安，因为在我的钱袋中，只剩下孤零零的一个索里多[③]了。

泰：这个一是没有展开的一切，对它不能作数量上的分割与划分。

---

① 这里布鲁诺指的是亚里士多德关于“缺乏”或“стерезис”的学说。在亚里士多德那里，质料概念是同“缺乏”联系着的。因为质料具有承受各种形式的可能性，对于它，严格地说来，逻辑上不许可有矛盾的原则(矛盾律)是不适用的。

在《形而上学》(第9卷，第9章)中，亚里士多德举了对立面有可能结合的例子。那能够患病者，同时也能够健康，因为既有患病的也有健康的可能性。但是，能把对立面置于一起的能力，则只为可能性所具有，因为在现实中对立面是不能并存的。譬如，在现实中人不能同时既是健康的、又是患病的。在布鲁诺那里，按照他的朴素的对立面一致的原则，可能性与现实则是共容于存在者之中。布鲁诺批评亚里士多德，说他在“缺乏”中虽有个对立面相结合的点，但未能顺此方向前进，而在半道上停留下来了。

② 见《旧约》《创世记》，第2章，第18节。——译者

③ 意大利铜币名，等于1/20里拉。——译者

它是一个这么样的怪东西，你简直不能理解，它复杂、无所不包到了何等地步。

波：Exemplum（例子呢）？因为，说老实话，你说的我听确乎是听到了，可是并不懂。

泰：同样地，十是个单位，但，是蜷缩的，百同样是个单位，但是更蜷缩，千也同样是个单位，但比前面的尤为蜷缩。有关算术方面我向您所谈的，在用于一切事物时您应该从更高深、更抽象的意义上去理解。最高的善、最高的向往对象、最高的完美、最高的幸福，在于包罗全部复杂性的一。

我们欣赏颜色，但不是某一单一的颜色，不管这是什么颜色，我们最欣赏的是包罗所有颜色的复杂性的颜色。我们欣赏声音，但不是某一单一的声音，而是出自许多声音的谐和的复合声音。我们欣赏某种感性的东西，但最欣赏那种包含有全部感性事物的东西；我们欣赏某种可认识的东西，但最欣赏那包罗一切的可认识的东西；我们欣赏存在，但最欣赏那囊括一切的存在；我们欣赏一，但最欣赏那本身就是一切的太一。同样
地，你，波里尼，与其说喜欢拥有成千上万的、跟你钱袋中的那 293
个一样的索里多，恐怕不如说你更喜欢拥有一颗唯一的珍珠，它是如此的珍贵，以致能值世界上所有的黄金。

波：Optime（妙极啦）。

格：从此我成个有学问的人了，因为，正如谁不明白太一，就不明白一切那样，谁真正地明白太一，也就明白一切，而且，谁愈接近于认识太一，也就愈益接近于认识一切。

狄：我也正是这样。如果说我已透彻地理解了，那么，我是被诺拉

哲学的忠实传播者泰奥非的观点大大充实之后而离去的。

泰：赞美归于众神明，愿一切活着的都来赞扬无限的、最简单的、最单一的、最崇高的和最绝对的原因、本原与太一。

论原因、本原与太一

五篇对话

——终——

译 后 记

布鲁诺的这本书是用意大利文写的，中译文根据俄、德、法三种文字的译本译出，一部分参考了英译文。所据版本如下：

1. Джордано Бруно:《Диалоги》, перевод М. А. Дынника, Госполитиздат, 1949.
2. Giordano Bruno:《Von der Ursache, dem Prinzip und dem Einen》, von Paul Seliger, Reclam, 1955.
3. Giordano Bruno:《Von der Ursache, dem Anfangsgrund und dem Einen》, von Ludwig Kuhlenbeck, Jena, 1906.
4. Giordano Bruno:《Cause, Principe et Unité》Traduction de E. Namer, Paris, 1930.
5.《Modern Classical Philosophers: Concerning the Cause, the Principle, and the One》, Cambridge, 1908.（编者：Benjamin Rand；译者：Josiah Royce, Katharine Royce；第二篇对话。）

书中采用了俄译本的全部注解，德译本的拉丁文及其译注。注的出处凡未标明的，皆为俄译本注。由于个人水平有限，错误和不妥之处请读者指正。最后向给予热情帮助的王太庆同志表示感谢。

译者

1979.12.4

译名对照表

本表按汉语拼音顺序排列，外文（俄、英、法、德）后即各译本页码，俄文后页码见本书边码。

〔B〕

柏拉图泉源　источник Платона 188/Platonic fountain 70//la source de Platon 67/Brunnen des PIaton 48

被动的物质本原　пассивное материальное начало 213/passive material principle 89//principes matériels passifs 105/das passive materielle Prinzip 74

毕达哥拉斯派　пифагорец 203/the Pythagoreans 81//Pythagoriciens 89/Pythagoreer 63

比拟　уподобление 230/analogy 102//analogie 129/Gleichnis 92

比喻法　метафора 282/metaphor 142//métaphoriquement 205/Metapher 145

表象　представление 285/species 144//espèce accune 208/Darstellungsform 148

　观念的表象　идеальное п. 221/ideal raison 96//pensée 118/ideale weise 83

表面　поверхность 201/expanse 79//étendue 86/Umfang 61;27

　事物的表面　п. вешей 282/the surface of things 142//la superficie de la chose 204/der Obertläche des Dinges 145;der Ober fläche der Sache 105

变化[1]　изменение 258, 263/mutation 124, alteration 128//mutation 171, l'altération 178/Veränderung 121,126;83,112

　*变化带有循环性质（泰）

＊变化所寻求的是另一种存在样式(泰)276/137//196/139

变化[2] изменение 276/change 137//changement 196/Varänderung 139

变相 разновидность 286/multiplication 145//mutiplient 201/Vervielfältigung 149

变异性 изменчивость 282/mutability 141//changement 204/der Veränderlichkeit 145

本质 сущность 255/entity 121//Entité 166/Entität 117

本原[1] принцип 183/principles 65//les principes 59/die Prinzipien 42

本原[2] начало 168/the Principle 54//principes 41/Prinzipien 28

第一本原 первое н. 237/first principles 108//premiers principes 139/erste Prinzipien 99

第一宇宙本原 первое н. вселенной 247/a first p. 115//un premier principe 154/ein erstes Prinzip 110

自然中的本原 н. в природе 201/p. in nature 80//principes dans les êtres de la natiure 87/prinzipien in der Natur 61

宇宙万象中的本原 вселенное н. 168/p. of the universe 54/p. de l'univers 41/die prinzipien des universums 28

最近的本原 ближайщее н. 197/proximate p. 77;2//le p. prochain 81/die nächste Prinzip 57

第一超自然的本原 первое сверхприродное н. 242/first supernatural p. 111//premier principe surnaturel 146/das erste übernatürliche Prinzip 104

最完善的太初的本原 первое наилучшее н. 242/supreme and best p. 11l//premier et suprême p. 146/das erste und vollkommenste Prinzip 105

播种者 сеятель 203/the sower 81;the seed-sower 7//le semeur 90/Säemann 63

＊古波斯教僧侣称理智

不动的,不动者,不动状态 неподвижное 273,277,203/immobile 135;138,81//immobile 191,198,90

不可分性 неделимость 261/indivisibility 126//indivisibilité 175/Unteilbarkeit 124

不可分的东西 неделимая вещь 276/the indivisible 137//l'indivisible 195/das Unteilbare 138

不可分解的 неразложимый 255/indissoluble 122//indissoluble 166/nicht zerstörbar 118

不可分割的 неделимый 245/an indivisible 114//indiv isible 151/ein Unteilbares 108;70

不存在 не сущее 256/non-being 122//non être 167/Nichtseiendes 118

不能描绘的东西 недоступное изображению 249/indescribale 117//拉:indepictum 159/112;das jeder Schilderung Unzugängliche 74

部分 части 203/parts//parties 90/Teil 63

部分与整体 ч. и целое 274/part and whole 136//de tout et de partie* 144/Ganz und Teil* 137

*原文次序如此;遇此情况,本表一律照录不改。

〔C〕

材料 материал 248/拉:sylva 117//159/111

差异 различие 278,263/differentiation 139,diversity 128//différence 199;diversité 178/Unterschied 141;Vershiedenheit 126

〔美的〕参与者 причастный красоте 208/participates 85//participe à la beauté 98/der Schönheit teilnehnen 69;35

超自然的可能性 сверхприродная возможность 245/supernatural possibility 114 //la possibilité surnaturelle 151/die übernatürliche Möglichkeit 108

超验的 трансцендентный 255/transcendent 121//transcendantes 166/transzendant 117

*两种形式之一,即本原。

产生者[1] производящей 201/that which produces* 80//ce qui la produit 87/Hervorbringenden 61;28

*麦金太尔在《布鲁诺》第156页作 producer。

产生者[2] прождающее 282/generates 141//qui engendre 204/das erzeugt

144

衬底　субъект 249/subject 117//subjectum 159/das Subjectum 112;74

称谓　название 285/term 144//vocable 209/Bezeichnung 148; eîne Wortbezeichnung 109

成分　состав 207/the composite 84//composé 95/Zusammeng esetzten 67

* 亚里士多德有关的主张,参看《论灵魂》III 3。

〔神的威力的伟大而无限的〕创造物　великое и бесконечное создание божественного могущества 200/the grand and infinite effect of the divine power 79//le grand et infini effet de la puissance divine 84/die gewaltige und unendliche Wirkung der göttlichen Allmacht 60; das grosse und unendliche Wirk der göttlichen Macht 26

持续性　длительность 201, 277/duration 80; 138; 5//la durée 87, 198/der Dauer 61, 140; 101

处于万物之中的上帝　бог, находящимся во всех вещах 236/God-who-is-in-everything 107//le Dieu qui est dans toutes les choses 138/Avicebron, der die Materie Gott nennt, welcher in alle Dingen gegenwärtig sei 98; Avicebron, welcher die Materie den allgegenwärtigen Gott nennt 61

* 阿维采勃隆用语,以之称物质。

从属性的东西　зависимые вещи 198/dependent things 78; 3//les choses dépendantes 83/abhängigen Dinge 58;25

冲突　разногласие 203/discord 81//discorde 90/Zwietracht 63

纯洁性　чистота 261/purity 126//pureté 175/Lauterkeit 124

刺激者　возбудитель 203/agitator 81; moving spirit 7//l'agitateur 89/Antreiberin 63

存在[1]　бытие 280/the universe 140//l'univers 201/Universum 142

存在是统一的、无限的、不动的　б. едино, бесконечно, неподвижно 280/the u. is one, infinite and immobile 140//Parménide [que l'Univers est] un, infini, immobile 201/das Eine, Unendliche, Unbewegliche 143;103

* 巴门尼德的观点。

存在[2]　бытие/being//être/Sein

感性存在　чувственное б. 161/sensible b. 126//l'ê. sensible 175/sinnliche s. 124

理智存在　интеллектуальное б. 261/intellectual b. 127//l'ê. intellectuel 175/intellektuelle S. 124

自然存在　естественное б. 261/natural b. 127//l'ê. naturel 175/natürliche S. 124

一切存在　все б. 261/all that can be 127//tout ce qui peut ê. 175/alle S. 124

存在的阶梯　лестница бытия 261/a ladder of b. 127//échelle de l'ê. 175/Stufenleiter des Seins 124

存在的可能性　возможность быть 242/capacity-to-be 111//la possibilité d'être 146/das Seinkönnen 104;67

存在样式　модус бытия 276/mode of b. 137//manière d'être 196/Art des Seins 139;100

存在[3]　субсистенцйя（subsistence）286/existence 145//existence 210/Substanz 149

存在[4]　сущее 256,277/being 122,138//être 167/Seiendes 118

＊参看:不存在。

〔D〕

大　большой 283/Grear 142//Grand 206/Gross 146

＊关于“大与小”,参看《形而上学》第一卷第六章,第十三卷第六至第八章。

大智　ум 240/an intellect 110// un intellect 143/eine Vcrnunft 103

＊阿那克萨哥拉用语,即苏格拉底、柏拉图等的上帝。

大小　размер 262/dimensions 127//dimensions 176/Dimensinen 125

大宇宙　макрокосм 221/the macrocosm 96//macrocosme 118/Makrokosmos 83,Makrokomus 47

殆等于无的东西　почти ничем 264/拉:prope nihil 128//178/127

单一　единство 282/unity 142//unité 205 / der Einheit 124

单一和繁多 （множественность 282/multitude 142//la multitude 205/die Vielheit 145）

单一性 единство 261/unity 126//unité 175/Einheit 124

单纯性 простота 261/simplicity 126//simplicité 175/Einfachheit 124

单一的物 единая вешь 285/a single thing 144//une chose 209/ein einziges Ding 148;die einem Ding 109

单一的存在 единое сущее 285/a single being 144//un être 209/ein einziges Seiendes 148;die einem Wesen 109

单个事物的理智 частный интеллект 204/the particular intellect 82;the other kinds of spirits 8 // les intellects particuliers 91/die Vernunft der Einzeldinge 65;die Vernunft der einzelnen Dinge 31

＊第三种理智(狄)

单独存在的东西 частная существующая вещь 275/particular things, p. substance 136

低级事物 низшая вещь 263/lower things 128//des choses inférieures 177—8/die niederen Dinge 126

敌对 вражда 291/discord 149//discorde 216/Streit 154

第一基础 первый фундамент 288/the primary basis 146//le premier fondement 212/das erste Fundament 151

第一原因 первопричина 197/a first cause 77;1//première cause 81/erste Ursache 57

第一本原 первоначало 197/a first principle 77;1//premier principe 81/erste Prinzip 57

第一物质 первая материя 233/primary matter (πρῶτη ὕλη) 105//matière première 133/拉:materia prima 95

第三者 третья вещь 232/third thing 104//une troisième chose 132/Dritte 94;58

第一推动者 первый двигатель 535

第一有限者 первый конечный 288/first finite 146//premier fini 212/das erste Endlich 151

〔F〕

imalisch 72;37

范畴 категория 278/category 139//catégory 199/Kategorie 141

方法论者 методологи 198/method-builders 77;method-makers 2//logiciens 82/Mothodiker 58

方法论原则 методические принципы 198/methodological principles 77//principes méthodologiques 82/methodischen Prinzipien 58

〔夫子当中的〕废料 педантское дерьмо 225/an excrement of pedantry 99//déchet des pédants 122/Ungetüm von Pedanterie 86;Unflath von Pedantenthum 50

* 指弗兰西斯哥・帕特里茨(Francesco Patrizzi,1529—97)。

分配者 распределитель 204/dispenser 82;8//dispensateur 90//Verteiler 64

* 普罗提诺用语。

分析家 аналитики 198/analysts 77;analytical scholars 2//analystes 82/Analytiker 58

分散开来的能力 распространённая способность 204/the unfolded faculties 82;the unfolded powers 8//91/die entfalteten Kräfte 64

否定意义 отрицательное значение 284/privative meaning 143//une valeur... privative

父亲 отец 203/father 82//père 90/Vater 64

* 普罗提诺称理智、世界灵魂。

〔形式的〕父亲和母亲 о. и мать формы 291/parent, and mother of form 149//parente et mère de la forme 217/die Urheberin und Mutter der Form 155;Erzeugerin und Mutter der Form 114

* 亚里士多德见解。

复合物 сложная вещь 255/ the composite 122//le composé 166, choses composées 167/ das Zusammengesetzte 118

* 阿维采布隆用语,参看《生活的泉源》(Fors vitae) IV,15

〔G〕

改变 изменение 278/transformation〔意:mutazione 175〕138//une transformation 198/ eine Veränderung 140

＊毕达哥拉斯不怕死亡，但期待着改变。

概念/用语　выражение 202/term 80;6//terme 87/ Ausdruck 62

概念　понятие

观念性的概念　идеальное понятие 205/the ideal basis〔意：raggione ideale〕83;the ideal ground 9//la raison idéale 92/der ideale Begriff 65;31

形式概念　формальн п. 205/principles of form 83//façon formelle 93/formalen Begriff 66

概念世界/心智世界　интеллигибельный мир 241,246/ intelligible world 111, 115//le monde intelligible 145,153/die intelligible Welt 104,109

橄榄性　маслинность 233/Oliveness 105//l'olivité 134/Olivenheit 95

感觉　чувство 200,233/sense 79,105;5//sens 86,sensibilité 134/Verstand 61,Sinnlichen Wahrnehmen 96

感觉形式　чувственная форма 216/sensitive form 91;18//forme sensitif 109/sensitive Form 77

感性世界　чувственный мир 203,246/sensible world 81,115;world of sense 7//monde Sensible 90,153/die Sinnenwelt 63,der sensiblen Welt 109

感性元素　чувственный злемент 240/sensible elements 110//éléments sensibles 144/sinnlich gegebenen Elementen 103

感性存在　чувственное бытие 261/sensible being 126//l'être sensible 175/sin-nliche Sein 124

干的东西　сухое 232/the dry 104//le sec 132/das Trocken 94

＊蒂迈欧用语。

高级世界　высший мир 203/the higher world 81;7//monde supérieur 89/ die höheren Welt 63

高级事物　высшая вещь 267/higher things 128//des choses Supérièures 177/ die oberen Dinge 126

＊普罗提诺区别物质为高级事物的物质和低级事物的物质。

个体　индивид/individual//individu/individuum

个体基质　индивидальный субстрат 277/individual basis 138//support individuel 197/dasselbe Substrat 139

个体化的本原　начало индивидуализации 234/principles of individuation 106//les principes d'individuation 135 / die Prinzipien der lndividuation 96

根源　корень 291,247/root 149,116//la racine 216,154/die Wurzel 154,110

根据　основание 262/essence 127//l'essence 175/der Grund 125

形式根据　формальное о. 262/the formal e. 127//l'e. formelle 175/der formale G. 125

物质根据　материальное о. 262/the material e. 127//l'e. matérielle 175/der materielle G. 125

古波斯教的僧侣　маги 203/the Magi 81;7//mages 90/Magier 63

官能　чувства 171/sense 55//sens 43/Sinn 29

广延性　протяжённость 262/dimensions 127//dimensions 176/Abmessung 125

诡辩　софизм 182/sophism 69//sophismes 65/Sophisterei 47

〔一个干巴巴的〕诡辩家　сухой софист 279/a thoroughly arid sophist 139//Sophiste bien sec 200/ein recht platter Sophist 141;ein recht seichter Sophist 102

* 此处指亚里士多德。

诡辩派　214/90//105/76;40

* 玩弄偶性。

〔H〕

混沌　хаос 240,249/a chaos 110,117// un chaos 144,159/das Chaos 103,111;74

* 物质的一种名称(波)249

混合的形式　смешанная форма 216/mixed form 91;19//forme mixte 109/Mishungform 77;42

* 五种形式之一(泰)。

活物　животных 267/animals 131//êtres animés 183/Tiere 130;Thiere 91

〔J〕

建筑师　архитектор 208/architect 85;12//architecte 97/Baumeister 69

＊建筑师对自己作品的态度和上帝对自己的形象的态度一样，这是柏拉图的比喻（泰）。

阶梯　лестница 255/ladder 122//une échelle 167/eine Stufenleiter 118

＊存在着的一切，从至高无上，有依次递属的阶梯（泰）；从这阶梯，自然下降而生育万物，理智上升而认识万物（泰）282。

健全的哲学体系　рефомированная философия 200/reformed philosophy 79; wise philosophy 4//philosophies réformées 85/die gesunden philosophischen Systeme 60

接近于无的东西　близкое к ничто 249/almost nothing 117//拉：prope nihil 159/112;74

洁净无字的板　чистая доска 249/a blank tablet 117/拉：tabula rasa 159/112;74

精神实体　духовная субстанция 211,247/spiritual substance 87,116;14//substance spirituelle 101;154/eine geistige Substanz 72,110

精神与肉体　дух и тело 237/spirit and body 108//l'esprit et le corps 139/Geist und Körper 99

静止状态　спокойный 203/restful 81;7//quiet 90/ruhig 63

〔最高的〕静观　наивысшее созерцание 264/the highest contemplation 129//la plus haute contemplation 179/die höhere Betrachtungsart 127

绝对的元素　абсолютный элемент 240/absolute elements 110//éléments absolus 144/absoluten Elementen 103

绝对存在　абсолютное бытие 198/absolute essence 78;3//absolument 83/absolutes Wesen 59

绝对的根据　абсолютный 234/absolute 105//cause absolute 134/absoluter 96

绝对现实的　абсолютная действительность 261/absolute act 126/acte absolu 175/absoluten Wirklichkeit 124

局部的物质　частная материя 276/particular matter 137//la matière particulière 196/Einzelmaterie 139

〔K〕

科学　наука 222/sciences 97//sciences 119/Wissenschaft 84

肯定意义　положительное значение 284/positive meaning 143//une valeur... positive 208

空间度量　пространственное измерение 263/climensions-wanting 128//les dimensions 177/Dimensionen 126

空气　воздух 232/air 104//l'air 133/die Luft 95;58

空想的东西　Химера 265/Chimera 130//sorte de chimère 180/ein Hirngespinst 128;89

〔L〕

类　сорт 255/sort 121//sortes 166/Art 117

类比　аналогия 232/analogical 104//analogie 132/Analogie 94

类似的宾词　аналогичные предикаты 288/analogous prédicates〔意:predicati analogi 175〕146//les prédicats analogues 212/analoge Prädikate 151;entsprechenden Prädikate 111

力量　сила 182/force 65//Force 58/Force 41

理智　интеллект 204,231,284/intellect 83,103,143//l'intelligence 131,207/der Verstand 93

三种理智　три рода интеллекта 204/three sorts of i. 82//trois sortes d'intellect 91/drei Arten der Vernunft 65

* 神的理智,世界理智,单个事物的理智(泰)

理智灵魂　интеллектуальная душа 210/an intellective soul 86;an intellectual soul 13//âme intellective 100/eine vernunftige seele 71

* 与感觉灵魂,植物灵魂并称(狄)

理智的形式　интеллектуальная форма 261/intellective form 91;19//forme intellectif 109/intellektuelle Form 77

理智存在　интеллектуальное бытие 261/intellectual being 127//L'être intellectuel 175/intellektuelle Sein 124

(普遍的)理智　всеобщий ум 202/the universal intellect 81;6//L'intellect

〔M〕

美　красота 208,244/beauty 85,113/Beauté 98,149/Schönheit 69,107

美德　добродетель 166/virtue 48//vertu 31/Kraft* 15

＊原文如此，德译者理解为力量。对词义有不同理解，译为不同词，这种情形其他处、其他译者也有，不一一指出。

〔一种〕没有形式的东西　бесформенная вещь 229/a single formless thing 102// une chose informe seule 128/ein einziges formloss Ding 91

某物　некоторая вещь 255/something 121//Quelque chose 166/Etwas 17

面　поверхность 283/surfaces 142//les surfaces 206/die Fläche//146;106

命运　предиазначение 165/predestination 47//prédestination 30/Vorherbestimmung 14

弥撒　месса 257

名　имя 285 / name 144//mot 209/Name 148

末后的　последний 245/last 114//le très nouveau 15/der letzte 108

缪斯们　музы 166/Muses 48//muses 31/Muse 15

〔N〕

内部　недра 201/bosom 79//sein 86/Schoss 61;27

内在的　внутренний/intrinsic//intrinsèque/inner

内在部分　в. часть 206/an i. part 84;10//partie i. 95/ein innerer Teil 67

内部的性质　в. характер 204/i. 82;8//i. 92/i. 65

内在的本质　в. начало 214/an i. formal principle 89//un principe formal i. 105/ein inneres Formprinzip 75;ein immanentes Form princip 39

内在的艺术家　в. художиник 204/inner crafts man 82//l'artiste interne 90/ der innere Künstler 64

＊布鲁诺用语，称普遍理智（泰）

牛性　бычность 233/Bovinity 105//la bovinité 134/Rindheit 95

能力　способность 203;потенция 206/faculty 7,power 10//la faculté 89,94/Vermögen 63,66

能动的物质本原　активное материальное начало 213/active material princi-

〔O〕

〔P〕

er 53

普遍理智　всеобщий интеллект 237/universal intellect 108//intelligence universelle 139/die universale Vernunft 99

＊存在于自然的躯体中的三种东西之一(泰)

普遍的理智　всеобщий ум 202/the universal intellect 81;6//l'intellect universel 88/die allgemeine Vernunft 63

普遍的物理的作用因　всеобщая физическая действующая причина 202/the universal physical efficient cause 81;6/l'efficient physique de l'univers 88/die allgemeine physiche bewirkende Ursache 63

普遍的世界形式　всеобщая форма мира 202,218/the universal form of the Cosmos 93;6//la Forme universelle 88,112/die allgemeine Form des Universums 63;die universale Form 80

普遍的太初实体　первичная и всеобщая субстанция 280/a single original and universal substance 140//une originaire et universelle substance 202/die ursprungliche und allgemeine Substanz 143

普天之下没有任何东西是新的　Ничто не ново под солнцем 214/There is no new thing under the sun 90//拉:Nihil sub sole novum 107/Nichts neues unter der Sonne 76;40

＊《圣经·旧约·传道书》1∶9。

〔Q〕

启示/箴言　откровение 245/the Revealer 115//le révélateur 151/der Offenbarende 108;der Offenbarung 70

作启示的人们　апокалиптики 199/the Apocalyptics 78//les auteurs apocalyptiques 84/die Apokalyptiker 59;der Theosophen 26

起形成作用的形式本原　формальное образующее начало 213 / formal constitutive principle 89;16//le principe formal constitutif 104/das konstitutive Formalprinzip 74

潜能　потенция 249/potency 117//puissance 159/Potenz 111

消极的潜能　пассивная п. 226/an equal passive p. 100//la p. passive 124/die passive Kraft 88

积极的潜能　активная п. 226,242/active p. 100,111//la p. active 124,146/die aktive K. 88

最高的潜能　наивысшая п. 226/100//124/88

情感　чувства 167/tempered sense 48//esprit 31/Verstand 16

球体　шар 274/sphere 136// sphére 193/Kugel 137

区分者　различитель 203/the differentiator 81;the Distinguisher 8//principe de différenciation 90/Unterscheider 64

＊恩培多克勒用语。

全部对立面　все противоположности 273/all contradictions〔意:contrarietadi 175〕135//toutes les contrariétés 192/alle Gegensätze 136;97

〔发狂的〕犬儒　взбешенный циник 177/a raging cynic 61//un cynique enragé 53/einen wüten Kyniker 36;ein wütender Cyniker 6

＊参看:讥消者,昔尼克学派。

琴师　кифариста 208/iutanist 85//cithariste 97/Citherspieders 34

＊亚里士多德的比喻,见《物理学》第二卷第八章,199b。

泉源　фонтан 188/fountains 70//fontaines 66/Brunnen 48

倾向性　склонность 244/ability 113//aptitude 150/Fähigkeit 107

躯体　тело/body//corps/ Körper;Organismus

自然的躯体　т. природы 236/the b. of nature 107//le corps de la nature 139/Organismus der Natur 62

＊其中的三种东西应予区别(泰)

有形的躯体　оформленное тело 237/formed body 108//corps formé 139/geformten Organismus 99;geformeten Körper 62

缺陷/缺乏　недостаток 243/defects 112//défauts 149/Mangel 106

缺乏　лишение 291/privation 149//la privation 217/die Negation 155

〔R〕

人性　человечность 233/Humanity 105//l'humanité 134/Menschheit 95;58

人类本性　человеческая природа 177/human nature 61//nature humaine 53/menschliche Natur 36

人文主义者　гуманист 251/humanist 119//humaniste 162/Humanist 114

热的能力　способность тепла 232/the virtue of the heat 104//la vertu de la chaleur 133/die Kraft der Wärme 95;58

肉眼　чувственный глаз 229/eyes of sense 102,103//les yeux des sens 129,130/das sinnliche Auge 91

* 与理性的眼睛相对而言，前者观看技艺的对象，后者看自然的对象。

肉体　тело 214/body 90//le corps 106/der Körper 75;40

〔S〕

善　благое 281,благость 198/goodness 141,78//bonté 203,83/Gutes 144,58;104,Gütezs

善良　добрый 169/good 55//bonus 42/gut 28

上帝[1]　бог 208,236/God 85,107//Dieu 97,138/Gott 68,98;34

* 苏格拉底、柏拉图称为上帝者，阿那克萨哥拉称为“大智” 240

* 阿维采布隆称物质为“处于万物之中的上帝” 235

上帝[2]　провидение 165/providence 47//providence 30/Vorsehung 14

上帝的权威　божественный авторитет 257/divine authority 123//l'autorité divine 169/die Autorität 120

生长　рост 233/vegetation 105//végétation 134/Vegetation 96 Vegetiren 96;59

生命　жизнь 233,281/life 105,141//vie 134,203/Leben 96,144;104

生命本原　жизненное начало 210/vital principle 13//principe vital 100/Lebensprinzip 71

象征性的生命本原　символическое ж. н. 212/a symbolic p. of life 88//un p. symbolique v. 103/ein symbolisches Prinzip des Lebens 73

生命树　дерево жизни 250/tree of life 118//l'arbre de la vie 160/Baum des Lebens 112

114//Celui qui est m'envoie;celui qui est parle ainsi 151/Der,welcher ist, schickt mich;der,welcher ist,spricht also 108

事物　вещь 273/thing 135//la chose 191/das Objekt 135

事物的实体　бубстанция вещей 199,126/substance of things 78,99;3//la substance des choses 83,124/die Substanz der Dinge 59,88

世界理智　мировой интеллект 204/the mundane (intellect)82//intellect du monde 91/die Weltvernunft 65

＊三种理智之一(泰)

世界的铁匠　кузнец мира 203/the world-artificer 81,builder 7//forgeron du monde 89/Weltbaumeister 63

＊柏拉图派称普遍理智

实　полный 236/plenum 108//le plein 139/Volles 99

＊参看:虚

实体　субстанция 198/ the substance 78;3// la substance/substanz 59

＊自然界有两种实体:形式,物质(泰) 226

实体性的形式　существенная форма 216/subsistent form 92;20//Forme subsistante 109/substantielle Form 78

实体性　субстанциальность 255/substantiality 121//Substantiatité 166/ Substantialität 117

实体形式　субстанциальная форма 233/substantial form 104/la Forme substantielle 133/Substantielle Form 95

实在性　реальность 236/reality 107//la réalité 138/Realität 99

实质　сущность 198/the being 78;3//l'être 83/Wesen 59

实践　практика 223/dexterity 99//pratique 120/Fertigkeit 84

湿的东西　влажное 232/wet 104//l'humide 132/das Feuchte 94

首先的　первый 245/first 114//le premier 151/der erste 108

数　число 277,283/number 139,142//nombres 205/die Zahl 140,146;106

数的可能性　числовая возможность 247/specific potency 115//spécifique puissance 153/spezifischer Vermögen 110

数的现实　числовая действительность 247/specific act 115//arte spécifique

〔T〕

太一　единое 171/unity 55//拉:uno 43/ewig eines Weses 29

太初部分　первые части 210/primary parts 86;13//les parties de l'univers douées 100/ursprüngliche Teile 70

太初物体　первые тело 209/primary bodies 86; primal bodies 13//corps premiers 99/erste körper 70

太初物质　первая материя 251/primary matter 119//la matiére 161/die prima materia 113;die materia prima 76

太上学者　архиучёный 193/archdidascals 73//archididascales 73/Erzschulmeister 53

贪婪　жалность 238/greed 109//l'avarice 141/Habgier 101

特殊性　частность 234/the particular 106//la particularité 135/Einzelexistenz 96

特殊本原　специфическое начало 283/specific principles 142//principes spécifiques 206/die…spezifischen Prinzipien 146

体现者　носитель 232/the substratum 104//le sujet 132/Substrat 94

体　тело 276/body 137//corps 196/der Körper 139

天资　одарённость 182/wit 65//intelligence 58/Geisteskraft 41

天然的形式　природная форма 228/natural form 101//forme originelle 128/natürliche Form 90

统一　единство 255,273/unity 121,〔意:unità 175〕135//Unité 116,192/Einheit 117,136;79,97

同一　тождество 277,290/identity 138,〔意:uno medesimo 175〕148//l'identité 198/ Identität 140;101

土　земля 232/earth 104//la terre 133/die Erde 94;58

图形　фигура 283/figures 142//les figures 206/die Gestalf 146;106

推动者　двигатель 203/the mover 81;propelling power 7//le moteur 89/ Bewegerin 63

〔W〕

prima 95

物体[2]　тело 273/body 135//le corps 191/der Körper 135

物体的自然　природа т. 208/nature of b. 85//la nature du c. 98/die Natur des K. 89;35

* 这是按希腊字ὕλη拼写的，英译者、俄译者也有这样做的；对拉丁字也一样，这是古典著作译本通例，本表均如实登录，余不一一指出。

物料　вещество 249/wood 117//hely* 159/Hyle* 111

物质的实体　материальная субстанция 212/material substance 88;15// substance matérielle 103/materielle Substanz 73

物质根据　материальное основание 262/material essence 127//l'éssence matérielle 175//der materielle Grund 125

物质形式　материальная форма 215/material form 91; 18//la forme matérielle 108/die materielle Form 76

物质本原　материальное начало 219/material principle 94//le principe matérîel 113/das materiale Prînzip 81

能动的物质本原　активное м. н. 213/active m. p. 89;16//p. m. actifs 105/das active m. p. 74

* 参看:被动的物质本原

物质属性　материальные качества 227/materiel qualities 100//vicissitudes matérielles 126//materielle Eigenschaften 89

物理的原因　физическая причина 198/physical cause 77;3//les causes physiques 82/ die physischen Ursachen 58

物理的本原　физическое начало 198/physical principle 77;3//les principes physiques 82/die physischen Prinzipien 58

无　ничто 214,226,285/nothing 90,99,a vanity 144//rien 106,124,vanité 209/nichts 75,88,bedeutungsleer 149;40,51,eine Nichtiges 109

* 德谟克利特把无形体的东西看作无 226

无限　бесконечное 275/infinite 136//l'infini 194/Unendlich 137

无限底一部分　часть бесконечности 281/a part of the infinite 141//partie de l'infini 203/Teil des Unendlichen 149

〔X〕

de tous les actes 151/die Wirlichkeit aller Wirklichkeiten 108;aller Wirklichkeiten Wirklichkeit 70

先知者　прорицатель 174/ a seer 59// une Pythie 49/ Seher 33

显示形式者　выявитель форм 268/extractor of forms 132//éveilleur des formes 184/ Auslöserin 132

想象力　воображение 283,284/ imagination 142,143//l'imagination 205,207/ der Vorstellungskraft 145;106,die Einbildungkraft 147;107

想象的典型　идеальный отпечаток 269/ideal signs 132//les signes ideaux 185/ ideellen Typen 132

象征性的生命本原　символическое жизненное начало 212/a symbolic principle of life 88//un principe symbolique vital 103/ein symbolisches Prinzip des Lebens 73

象征性的灵魂本原　символическое душевное начало 212/a symbolic principle of animation 88//un principe symbolique animal 103/ ein symbolisches Prinzip des Seele 73

向恶的赋性　предрасположение ко злу 249/ordained to evil 117//拉:ad maleficium ordinate 159/112;das zum Bösen Geordnete 74

效果　следствие 205/ effect 83// agir 92/ Tätigkeit 65;Wirksamkeit 31

小　малый 283 / small 142//petit 206 / Klein 146

小宇宙　микрокосм 221/microcosm 96//microcosme 118/Mikrokosmos 83;Mikrokosmus 47

消极的可能性　пассивная возможность 24/passive potency 111//possibilité passive 146 / passives Vermögen 104

＊和积极的可能性,构成两种可能性。

消极的潜能　пассивная потенция 226/a passive potency 100//la puissance passive 124/die passive Kraft 88;leidendes Vermögen 52

逍遥派　перипатетик 199/the Peripatetics 78; the Peripatetic philosophers 4// les Péripatéticiens 84/die Peripatetiker 59;26

邪恶　злой 169/evil 55//malice 42/bös 28

信圣法经传的人　талмудисты 199/the Talmudists 78//les Talmudistes 84/

telle 138/akzidentelle Form 99

形式的给予者　подтель форм 235/giver-of-forms 106//donateur des formes 136/die Geberin der Formen 97

形式的接受者　приемник форм 235/receptacle-of-forms 106//réceptacle des formes 136/Behältnis der Formen 97

形成性本原　образующее начало 234/constituent principle 106//principe constitutif 135/das konstitutive Prinzip 96

形而上学　метафизика 187/the metaphysics 69//métaphysique 65/Metaphysik 47

形而上学者　метафизик 233/metaphysicians 105//métaphysiciens 134/Metaphysiker 95

学识　учённость 182/ doctrine 65// doctrine 58/ Gelehrsamkeit 41

学说　учние 222/doctrines 97//doctrines 119/Lehrmeinungen 84

虚构　фантазия 277/fantasies 138//fantanisies 198/Phantasein 140；Einbildungen 101

虚构的东西　выдуманная вещь 265/fictional thing 130//sorte de fiction 180/ ein Phantasieding 128；ein erdichtetes Ding 90

虚幻　суета 278/vanity 139//vanité 199/Eitelkeit 102

虚幻的理念　фантастическая идая 268/fantastic ideas 132//fantastiques idées 184/phantastischen，Ideen 131；92

＊柏拉图用语。

〔Y〕

亚里士多德泉源　источник Аристотеля 188/fountain of Aristotle 69//拉：Fons Aristotelis 66/ 48

言辞　слова 222/ words 97// mots 119/ die Worte 84

演说术　ораторское искуство 251/oratorical art 119//l'art oratoire 162 / Redekunst 114

眼睛　глаз/eyes//yeux/Augen

148//une continuité 215/eine Fortsetzung 154

意志　воля 198/will 3//volonté 83/Willen 58

医学哲学　медицинская философия 217/101//la philosophie médicale 126/die Philosophie der Medizin 89

样式　модус 277/mode 138/mode 197/weise 140;100

存在样式　модус бытия 276/m. of being 137/manière d'être 196/eine andere Art des Seins 139;eine andere Art zu sein 100

样态　вид 283/species 142//des espèces 205/der Art 146;106

印迹　след 198/ trace 3// vestige 83/ ganz schaflenhafte Erkenntnis 58

隐得来希　энтелехия 268/entelchies 132//entéléchies 184/Entelechien 131;92

隐蔽的形式　скрытая форма 217/latent form 91//formes latentes 111/ verborgene Formen 79

*阿那克萨哥拉用语,以之称单个自然形式。

引起形式者　возбудитель форм 268/investigator of forms 132//suscitateur des formes 184/Erweckerin 132

友谊　дружба 291/amity 149//amitié 216/Freundschaft 154

庸俗哲学　вульгарная философия 172,265/vulgar philosophy 57,the most vulgarised philosophy 129//la philosophie vulgaire 46,la plus vulgaire philosophie 180/die landläufige Philosophie 30,128;7,89

庸俗哲学家　вульгаризаторы философия 246,282/vulgarising philosophers 114,141//vulgairement philosophent 152,204/die landläufigen Philosophen 109,144;der herkömmlichen Philosophie 71,105

*庸俗哲学家不理解对立面的一致(泰) 246

有灵性的　одушевдённое 247/animated 115//l'animé 154/Beseelten 110

有界性　ограниченность 288/ limitation 146//la limitation 212 / die Begrenztheit 151

第一有界者　первый ограниченный 288/first limited 146//premier limité 212/das erste Begrenzt 151

有限性　конечность 288/ finitude 146// la finitude 212/ die Endlichkeit 151

〔Z〕

僧侣哲学家 монах 265/monk 129//moines 180

真正的哲学家 истинн ф. 180/true p. 63//un vrai p. 55/wahren p. 38

＊真正的哲学家和虔诚的神学家不同 265

哲学医学 философская медицина 228/101//la médecine philosophique 126/ philosophische Heilkund 90

真理 истина 170/truth 55//42/die Wahrheit 29

智慧 разум 182/ reasons 65// raisons 58

мудрость 167/ intelligence 48// intelligence 31/ Vernunff 16

мудрость 187/ wit 69// Vernunft 41

（第一能动的）质 первые активные качества 290/active primary qualities 148 //les qualités actives fondamentales 215/die ersten aktiven Eigenschaften 153

质量 масса 249/mass 117//masse 159/Mass 111

质料 материя 202/ matter 80;6//la matière 88/ Materie 62

植物灵魂 растительная душа 210/a vegetative soul 86;13//âme végétative 100/ eine vegetative Seele 71

植物的形式 растительная форма 216 / vegetative form 91; 19/ forme végétal 109/ vegetative Form 77; 42

自然物 природные вещи 211/natural things 87//choses naturelles 101/ natürliche Dinge 72

自然物之中的物质 материя в природных вещах 228/matter in n. t. 101// matière dans les c. n. 127/Materie an den Naturdingen 90

自然物质 материя природы 229/natural matter, matter of natural 102//la matière de la nature 128/ die Materie der Natur 91

自然实体 природная субстанция 199/natural substances 3//les substances naturelles 83/ die natürlichen Substanzen 59

自然存在 естественное бытие 261/natural being 127//l'être naturel 175/ natürliche Sein 124

自然形式 природная форма 235/natural forms 106//les forme naturelles 137/ Formen in der Natur 97

众神明　боги 237/Gods 108//les dieux 140/Götter 100

主体　субъект 206/ subject 10// sujet 95/ ein und dasselbe 67

主要本原　основополагающее начало 206/constitutive principle 10//les principes constitutifs 99/ Konstitutiven Prinzipien 66

组合物　составные вещи 211/ composites 87; form matter 14//choses composées 101/ zusammengesetzte Dinge 72;37

最大和最小　максимум и минимум 291/the maxima and minima 149//les maxima et les minima 217/ die Maxima und Minima 155;113

最绝对的现实　абсолютнейшая дейсвительность 246/absolute act 114//acte très absolu 152/die absoluteste Wirklichkeit 108;70

最完善的太初的本原　первое и наилучшее начало 242/supreme and best principle 111//premier et suprême principe 146/das erste und vollkommente Prinzip 104

最高原因　высшая причина 197/first cause 77; ultimate cause 2//la cause première 81/ die erste Ursache 57

最近的原因和最近的本原　ближайшая причина и ближайшее начало 197/ proximate cause and principle 77//la cause et le principe prochains 81/ die nächste Ursache und das nächste Prinzip 57;24

最高的静观　наивысшее созерцание 264/highest contemplation 129//la plus haute contemplation 179/die höhere Betrachtungsart 127

罪恶的原因　причина греха 249/cause of sin 117//拉: peccati causa 159/ 111;der Sünde Grund 74

作用　действие 201/effect 80;5//effet 87/Wirkung 61

作用者　деятель 201,228/efficient cause 80, agent 101//l'efficient 87, un agent 127/die Bewirkende 61;29

独立的作用者　самостоятельный деятельный агент 206/a distinct efficient cause 84//un efficient séparé de la matière 95/eine von diesem verschiedene Kraft 67

作用因　действующая причина 227/efficient cause 100//la cause efficiente 125/ der bewirkenden Ursache 88;52

作用因的动因　движущая причина действующей причины 202/efficient's motive power 81//directrice de la cause efficiente 88/die jene in Bewegung setzende 62

第一作用因　первая действующая причина 202/first efficient cause 80;6//les causes de l'efficiente* 88/die ersten bewirkenden Ursache 62

＊这里省略 premières 一词，不仅此处，也不仅法译，译词而采用省略法或增词法，这是各随己便的，本表均照录，不一一指出。

布鲁诺生平和著作年表

(1548—1600)

⊙一五四八年·诞生⊙

▲年初:乔尔丹诺·布鲁诺(Giordano Bruno)* 诞生于西班牙控制下的意大利南部那不勒斯·坎帕尼亚(Campania)附近基卡拉(Monte Cicala/γή καλλα 美丽的田野)山脚下,阿格诺(Agno)河畔小镇诺拉(Nola)贫穷贵族、军人乔瓦尼·布鲁诺(Giovanni ** Bruno)和萨沃丽诺(Faulissa Savolino)的家庭里,领洗后得名菲力波(Filippo ***)。

△波兰天文学家哥白尼(Koppernigk/Nicolaus Copernicus,1473—1543)的不朽著作《天体运行记》(De revolutionibus orbium coelestium)问世五年了。"他用这本书(虽然是胆怯地而且可说是只在临终时)来向自然事物方面的教会权威挑战。从此自然科学便开始从神学中解放出来。"(恩格斯:《自然辩证法》。《马恩全集》20∶362)

* 又译:白鲁诺,见樊炳清《哲学辞典》132,1926/35 年;布路诺,见唐敬杲《新文化辞书》79—81,1923/31 年;勃鲁诺,见何仙槎译《天文学·天体照相学》(64 页)第 17 页,人民出版社,1955;部鲁诺,见潘念之、金溟若《世界人名大辞典》(1886 页)第 264 页,上海世界书局,1936。

** 这个字,辛格(D. W. Singer)拼作 Juano,见《布鲁诺的生平和思想》(Giord Bruno,his life and thought,389 页,1950 年,哲学研究所图书馆藏)第 3 页;林赛(Jack Lindsay)拼作 Gioan,见所译《论原因、本原和太一》(Cause,Principle,and Unity,177 页,纽约,1962 年,北京图书馆藏)第 3 页。

*** 这个字,林赛拼作 Felipe,见前引书第 3 页。

⊙一五五三年·五岁⊙

△瑞士日内瓦执政的基督教加尔文宗政府以“异端”罪名判处西班牙神学家、医生塞尔维特(Miguel Serveto/Michael Servatus,生于1511年)火刑死罪。“同现代哲学从之开始的意大利伟大人物一起,自然科学把它的殉道者送上了火刑场和宗教裁判所的牢狱。值得注意的是,新教徒在迫害自然科学的自由研究上超过了天主教徒。塞尔维特正要发现血液循环过程的时候,加尔文便烧死了他,而且还活活地把他烤了两个钟头。”(恩格斯,前引书,20:362)

△意大利人文主义者、医生弗拉卡斯托罗(Girolamo Fracastoro,约生于1478年)去世。他是哥白尼在帕多瓦大学时代的同事。1538年发表《宇宙的单一中心》(Homocentrica sive de stellis/A Single Centre of the Universe)反对流行的托勒密天体理论。布鲁诺在伦敦所写对话《论无限宇宙和世界》有个人物径直就取他这名字。

△意大利贝加莫(Bergamo)的医生格拉塔罗(Guglielmo Gratarolo/William Gratarolus,1516? —?)于1550/51年从意大利出亡以后,改宗新教,定居于巴塞尔(Basle),出版人工记忆(artifical memory)方面著作于苏黎世。下年再版,作者以之献给神圣罗马帝国波希米亚的马克西米连皇帝(Maximillian II,1527—1576,1564/76在位)。

他是意大利哲学家彭波那齐(Pietro Pomponazzi,1462—1524/25)的门徒。当时,神秘主义思潮时兴,研究魔术、理解宇宙的神秘方法、人工记忆术等正方兴未艾。他的这部著作很受时人注意,迅即出现法、英译本于1555、1563年。*

* 参看:桑戴克(L. Thorndike)《魔术和实验科学的历史》(A history of magic and experimental science,八卷,纽约,1941/51,中国科学院图书馆藏)5:606。

⊙一五五四年·六岁⊙

△基督教加尔文宗思想家贝兹(Théodore de Bèsze/Beza,法国·勃艮地1519—1605)* 到日内瓦,后来成为加尔文的信徒、副手。他翻译《新约》(New Testament)为拉丁文(1556),编辑希腊文本(1565年,以司特方〔Robert Stephens〕本为母本)。

* 又译:培兹,见任继愈主编《宗数词典》(1343 页)第 357 页,上海辞书出版社,1981 年。

⊙一五五七年·九岁⊙

▲布鲁诺前往那不勒斯城(距诺拉约三十公里)学习人文科学、逻辑和辩论术,既听公开的课,也听私人的课*。

●罗马教皇保罗四世(Paul IV,1555—59)开始颁布《禁书目录》,而检查书籍的工作,继续委托(1555 年)宗教法庭进行。

从此,一般书籍均须著录著者、出版者、印刷地点、出版年代,而对违禁图书,就据此追究著作、出版者等有关人员,甚至读者。

●那不勒斯城自 1547 年,就由西班牙所派驻的那不勒斯王国总督规定向宗教法庭缴纳税款,本年,总督对意大利南部整个那不勒斯王国取得全面统治。**

* 拉松(Adolf Lasson)本《论原因、本原和太一》(Von der Ursache,dem Prinzip und dem Einen,152 页,第 53—57〔LIII—LVII〕页为年表,汉堡,1977 年,哲学研究所图书馆藏)第 53 页把这一项系于 1562 年;有的书则说"十岁开始进修道院"(郭玉兰文),见李春秋《逆境成材 100 例》(第 371 页,北京师范大学出版社,1981 年)第 50 页。

布鲁诺父亲的友人基卡拉(Odoardo-Cicala)在那不勒斯经营海上贸易,并以船艇服役于国王菲利普。

** 参看 1559 年的意大利(地图),见〔英〕赫德等编《意大利简史》(罗念生、朱海观译)第 189 页,商务印书馆,1975 年。

⊙一五六〇年·十二岁⊙

△德国基督教新教路德宗神学家梅兰希顿(Philipp Melanchthon,生于 1497 年)死于维滕贝格。梅兰希顿晚年试图统一新教两派——路德宗和加尔文宗未成,他死后,两派斗争益加激烈。

⊙一五六四年·十六岁⊙

△意大利天文学家伽利略(Galilei Galileo)诞生于比萨。

△比利时解剖学家、帕多瓦大学教授维萨里(Andreas Vesalius,生于1514年)被西班牙马德里宗教法庭判为“异端”,后由死刑改判朝圣(耶路撒冷)赎罪,不幸在希腊附近赞德岛触礁遇难。

△基督教新教加尔文宗创始人加尔文(Jean Calvin,1509年生于法国·努瓦营)死。他自1541年在日内瓦得势,大力鼓励工商业,同时严格执行教义,干预教徒生活。他死后,贝兹继续执行他的教义。

●自从特兰托公教会议(Council of Trent)于奥地利特兰托(Trento)召开,天主教会确定耶稣会为骨干机构,以扼杀宗教改革运动和新兴哲学自然科学的发展,宗教法庭在西班牙、意大利、法国整个西欧更形猖獗,而耶稣会在法庭掌握大权使宗教法庭更声名狼藉。

⊙一五六五年·十七岁⊙

▲六月:进入那不勒斯* 的多明我教团** 修道院(San Domenico Maggiore),得道名乔尔丹诺(Giordano)。***

当时院长是巴斯奎亚(Ambrosio Pasqua),四月刚上任。

▲他的蒙师有两位:柯勒(Vincenzo Colle da Sarno/Vincenze Colle of Sarno)是有名望的作家,担任公开课;瓦拉诺(Fra Theophilo da Vairano/Teofilo de Vairano)是私人课教师,熟悉亚里士多德,后来到罗马讲学。

△那不勒斯哲学家特勒肖(Bernardino Telsio/Bernhardinus Telesius,生于1508年)的《物性论》(De return natura iuxta propîa principia)第一部出版。

△自然哲学家库萨的尼古拉(Nicolaus of Cusa/Cusanus,1401—64)的《全集》(Opera omina)出版于巴塞尔。尼古拉的著作对布鲁诺的影响很大,只是,在布鲁诺广泛涉猎哲学、神学著作阶段,引起他注意的,似乎是法国数学家、神学家勒费弗尔(Jacques Lefèvre of Étaples,1455—1537)于1514年所编辑出版于巴黎的版本。

* 又译:那坡利,见曾少潜等《世界著名科学家简介》(460页)第221页,科学技术文献出版社,1981年。

** 又译:黑衣教派,见《新文化辞书》80;度明哥教社,见《哲学辞典》132;黑袍修道会,见《意大利简史》139。

*** 又译:焦达诺,见《意大利简史》195。

⊙一五六六年·十八岁⊙

▲开始怀疑三位一体(Trinity)学说,引起院方注意。

⊙一五六八年·二十岁⊙

△诺拉诗人坦西洛(Luigi Tansillo,1510 年生于韦诺萨[Venosa])去世。他认识布鲁诺的父亲,有交往,对小布鲁诺颇赏识。后来,布鲁诺在著作中引用他的诗句,在对话中以他为典型。例如:《执火炬的人》《高贵的情操》等。

他的处女作,教皇保罗四世认为违反教义,斥为放肆,将之列入《禁书目录》,晚年始得从目录中给撤销。

△意大利哲学家、空想社会主义思想先驱康帕内拉(Tommaso Campanella)生于卡拉布里亚·斯蒂罗(Stilo)。

⊙一五七一年·二三岁⊙

▲接到罗马教皇庇护五世(Pius V,公元 15—72)和罗马宗教法庭红衣主教雷比巴(Rabiba,1504—77)传唤,前往罗马。

▲他以为是一般性的审查信仰,于是呈献诗作《诺亚方舟》(Arca di Noè/Noah's Ark)给教皇,受赞赏。经交谈,知道教皇对卢里记忆术、魔术感兴趣,同时,也了解到他在修道院平时阅览内容(包括研读记忆术书籍)引起院方注意,而他读荷兰人文主义者伊拉斯谟(Desiderius Erasmus,1469? —1536)所注释圣·克里索斯托(Joannes Chrysostom,347? —407)圣·哲罗姆(Hieronymus/Jerome,342? —420)阐释教义的著作虽是暗中读,细心藏,结果仍被发现并上报。

△天文学家刻卜勒(Johannes Kepler)诞生。

⊙一五七二年·二四岁⊙

▲接受神父 * 职。

▲在那不勒斯东南不远之处坎帕格那(Campagna)圣·巴托罗缪(San Bartolomeo)女修道院首次主持弥撒。

△法国思想家彼得·拉梅(Pierre de la Ramée/Petrus Ramus,生于1515年)死于圣·巴托罗缪大屠杀日。

●八月二三日(圣巴托罗缪节):巴黎旧贵族、天主教徒聚众围戮新教胡格诺派(Huguenots)。他们趁胡格诺派首领那伐亲王亨利和马加累特(查理九世幼妹)举行婚礼之际,大开杀戒,一夜之间,杀死约三千人,造成一大惨案。于是,两派间的宗教战争,自1562年就开了头的,时战时休,经此激化,又干戈连绵,直至1598年,大者前后凡七次。

* 又译:牧师,见《世界著名科学家简介》221。

⊙一五七五年·二七岁⊙

▲成为神学博士。

⊙一五七六年·二八岁⊙

▲修道院图书室藏书丰富,他充分利用难得的阅读便利条件,接触天主教权威著作,教会指定的阿奎那、郎巴得的彼得等的神学教本,更广泛涉猎希腊、罗马和中世纪哲学、天文学、几何学、文学著作。

自从十五世纪希腊罗马古籍大量发现,格米斯特·柏勒封(Georgius Gemistus Plethon,1355?—?1452/50)来意大利介绍,意大利人文主义者费希诺(Ficino,1433—99)辛勤翻译为拉丁文,德国古腾堡(Johann Gutenbery,1400—65)改进印刷术,意大利阿尔都(Aldus,十五六世纪之交)法国埃蒂安纳(Estienne,十六世纪)两大出版家整理出版古典文献,柏拉图全集、亚里士多德全集、卢克莱修《物性论》,新柏拉图派著作,以及荷马、维吉尔、玉外纳的文学作品得以广泛传布,大家再不必间接从阿拉伯、犹太学者的翻译、注释去辗转理解古人。

世俗学者固然称便,教会人士而以重视文献工作的多明我修道士们也因之有机会接触到人类早期文明的精华,从而不拘于阿奎那对亚里士多德《论灵魂》的注释,教会限定流通的《物理学》,他们也有条件亲自判断许多问题,以至个别有识之士,例如布鲁诺,终于接受人文主义思想而向教会大杀回马枪。

▲布鲁诺对于教会判定阿里乌派为异端不以为然，他认为这是曲解阿里乌(Arius,250? —336)所致。

△意大利数学家、思想家卡尔丹(Jerome Cardan,生于1501年)去世。他把魔术分为十类，认为事物的性质受到十种不同内在外在因素影响。布鲁诺部分接受这种观点和分类法。*

* 参看桑戴克，前引书5：573。

⊙一五七七年·二九岁⊙

▲他私下表示对"异端"阿里乌反对三位一体学说持赞成态度，他奉劝一位见习修道士(norice)看中世纪某匿名著作，他对修道院领导权威不盲从，以及风闻罗马方面似乎在搜集他的一百三十条罪状，等等，促使他断定那不勒斯不宜久留。

▲脱掉道袍，北上罗马(三月)，取道锡耶纳(Siena)卢卡(Lucca)前往西北部热那亚湾海口利古里亚(Liguria)小城诺里(Noli)，逗留约四五个月。

▲以教书度日，教儿童语文，教成年人天文学*、形而上学。

▲行程：转往十几里外的萨沃纳(Savona)，接着北上都灵(Turin/Torino)，然后东去威尼斯(六周)，又折返帕多瓦(Padua/Padova)，就这样，逃出宗教迫害特别严重的西班牙统治区，在意大利北部由西而东流亡。

▲在威尼斯，寄寓于市中心圣马可广场附近，没找到工作；但是，经教团神父南尼尼(Dominican Remigio Nannini [Nanni] Fiorentino,? —1580/81)**批准出版了《时间的符号》(Dé segni dé tempi/On the Signs of the Times)。

▲在帕多瓦遇到几位多明我教团旧相识神父友人，他们劝他不返教团，也无妨身着道袍，不至于旅途食宿不便。

▲继续流亡，前往布雷西亚(Brescia)、贝加莫等。

* 所谓天文学，不是今日意义严格的科学天文学，而是中世纪流传下来，混杂着星相学之类神秘主义的一些知识。

** 南是佛罗伦萨人，作家，翻译彼特拉克的De remediis utriusque fortunae，当时(1569—78)他正受雇于庇护五世，注释阿奎那著作。

⊙一五七八年·三十岁⊙

▲前往米兰。

▲在米兰,知道英国锡特尼爵士(Sir Philip Sidney,1554—86)* 正游历意大利。

▲冬季:由意入法,前往里昂途中逗留于尚贝里(Chambéry)数月,投宿于多明我教团修道院。

* 他是莱斯特伯爵的外甥,才能非凡,仕途顺遂,早得文名。在政治上是宫廷官员、外交家、司令官,在文学上是诗人、古典文学介绍者,思想上是人文主义代表,宗教上同情新教。1772 年就承伊丽莎白女王眷顾,到大陆旅行学习两年。经过法兰克福时,结识出版家威雪尔(John Wechel),他们的这个关系为布鲁诺后来流亡法兰克福提供了方便。回到英国不久就因其家族的地位、个人的官职成为政治活动家。后来,布鲁诺到伦敦,受到他叔侄的庇护。

⊙一五七九年·三一岁⊙

▲从一位意大利神父那里知道去里昂不利,于是转而北上,入瑞士。

▲四、五月:到日内瓦,以为在意大利宗教移民中心可以图个安静,但只住上三个多月。

▲结识那不勒斯流亡者、新教徒维柯侯爵(Marches di Vico),表示无意加入加尔文宗。

▲五月:向日内瓦学院院长办理登记手续(二二日)。

▲听意、法神职人员讲道、讨论。数次听巴尔巴尼(Nicolo Balbani of Lucca)读保罗书信,讲《福音书》于意大利人教堂。

▲指出学院哲学教授德·拉·法耶(Antoine de la Faye)* 一次讲演中二十个错误,并印为传单分发(八月);结果,出版商遭监禁数日,布鲁诺在宗教法庭前认错道歉,而于月底自动离开日内瓦。

▲转往里昂(九、十月)阿维尼翁(Avignon)蒙彼利埃(Montpellier)直到图卢斯(Toulouse)。

* 法耶是院长的知己,《圣经》译者。

⊙一五八〇年·三二岁⊙

▲在图卢斯，最初教成年人天文学（所谓萨克罗沃斯柯的“天体”[the Sphere of Sacrobosco]）* 、形而上学，约半年光景。

▲到新教占优势的大学（学校不规定教师必须参加弥撒）教亚里士多德《论灵魂》和其他科目，当选神学博士，颇受学生欢迎。

▲写《大钥匙》（Clavis Magna/Great Key），关于记忆术的著作。

* 布鲁诺主要利用塞斯科（Cecco d'Ascoli）对萨克罗沃斯柯著作的注释本。萨著是以巫师观点阐释天文宇宙现象的神秘主义著作。

⊙一五八一年·三三岁⊙

▲年底：离开图卢斯 * ，北上巴黎。

●法国国内宗教战争又有重新爆发之势，天主教势力在图卢斯重新抬头。**

* 布鲁诺在威尼斯向宗教法庭写的自白中说在图卢斯待两年半，辛格（第16页）和麦金太尔（McIntyre，见所著《布鲁诺》[Giodano Bruno，365页，纽约，1903年，科学院图书馆藏]第16页）都考证为两年，斯帕巴纳（Spampanato）则认为只有二十个月（见辛格第17页）。

** 后来，这一带成了拉锯战之地，意大利进步思想家、自然哲学家瓦尼尼（Lucilio Vanini，生于1585年）就以宣传无神论罪名，被宗教法庭判为异端，而于1619年（麦金太尔误植为1616年，见第17页）在此地给送上火刑堆处死的。

⊙一五八二年·三四岁⊙

▲一到巴黎，当即得以在大学 * 开一门课，叫“论神的属性”（De predicamenti di Dio/über，Attribute Gottes'），这一组讲演凡三十次，论神的三十属性，因而获得教授职位。

▲讲座受欢迎，声闻于宫廷，受到法王亨利三世（Henri III，1574—89在位）召见，垂询他惊人的记忆力方面的知识和方法。

▲撰写关于记忆术的著作《理念的影子》（De Umbris Idearum/ On the Shadows of Ideas）** 献给法王，出版于巴黎。作者以柏拉图理念论观点，糅

合新柏拉图主义流射说,认为记忆是理念的影子。

▲《记忆术》(Ars Memoriae Jordani Bruni/Art of Memory)** ,本书附于前书,同时出版。

▲《刻尔刻的咒语》(Canus Ciraeus/The Incaritation of Circe/The Song of Circe)** 两篇对话,署以爱神者诺拉人乔尔丹诺·布鲁诺(Philothei Iordani Brvni Nolani)的名字,出版于巴黎。作者接受昂古莱姆公爵、瓦卢瓦的亨利(Duc d'Angoulême/Henry of Valois,Duke of Angoulême)的顾问勒尼奥(Jean Regnault)的建议,并以勒执笔写献词,以之献给公爵。

▲经勒尼奥介绍,结识威尼斯共和国驻法大使莫罗(Giovanni Moro/John Moro)。

▲《简明构造术和卢里*** 技术大全》(De compendiosa architectura et complemento artis Lulli/ The Compendious Building and Completion of the Lullian Art)出版于巴黎。作者以之献给大使。

▲喜剧《执火炬者》(Il Candelaio/The Chandler/The Torch-Bearer)+ 出版于巴黎,署"乌有学院毕业"的头衔,自称"绰号讨厌鬼"(Bruno the Nolan,Graduate of No Academy,Called the Nuisance)。

▲他的学生,一位捷克贵族诺斯蒂兹(John â Nostitz,? —1619)++ 对于他的博学多才,善于即兴谈论,十分倾倒。

▲结识英国学生华特生(Thomas Watson,1557—92),后者倾慕意大利文化,从事翻译意、法两国古典著作为英文的工作。

▲可能结识法国政治思想家波丹(Jean Bodin,1530—96),后者当时也在巴黎,受到亨利三世重用。

* 当时巴黎有两个大学:天主教的索邦神学院(Sorbonne)和法兰西学院(Collège de France)。后者由佛朗斯瓦二世(François II)创立,宗教上采取较为自由的方针,反对耶稣会。麦金太尔认为此时布鲁诺有意回教会,不会寄寓于后者,到老者教书(见第 20 页)。

** 这三篇拉丁文著作,收于托索(F. Tocco)和维德利(G. Viteli)所编《布鲁诺拉丁文集》(Jordani Bruni Nolani Opera latine conscripta,三卷八册,那不勒斯[Neopoli]佛罗伦萨[Florentiae],1879—91;德国斯图加特重印本,1962 年,哲学研究所图书馆藏)第二卷第一册第 1—55,第 56—178,第 179—257 页。

*** 卢里,又译:赖蒙·鲁尔(Raimundo Lulio,1233? —? 1315),见《宗教词典》1066;雷蒙·鲁路斯(Raymund Lullus),见黑格尔《哲学史讲演录》3:320。

+　Kommödie，见拉松（第 LIV[54]页）；Le Chandelier，见纳默（第 4 页）；《世界通史》译为《蜡台》（Подсвечник，见 4：185），《理性的考验》（世界文明史[第二三册]，台北幼狮文化事业公司，1977/78，第 275）译为《执火炬的人》。

++　辛格先说他是捷克人（第 19—20 页），又说他是匈牙利人（第 188 页）。

⊙一五八三年·三五岁⊙

▲凭所发表一些著作，在大学获得特任讲经师（extraordinaire/Extraordinary Readership）职务。

▲三月二八日：英国驻法大使科伯姆（Sir Henry Cobham，1538—？1605）致函国务大臣沃辛姆爵士（Sir Francis Walsingham，1530—90）说，布鲁诺博士、哲学教授要赴英，他那宗教信仰我是瞧不上的。*

▲四月：持法王荐函，前往伦敦，拜访法国驻英大使卡斯特尔诺（Michel de Castelnau，Marquis de Mauvissière，1520—90），得到大使和大使秘书弗洛里奥（Jean Florio，1553—1625）照顾、安排。**

▲得到牛津大学校长莱斯特伯爵（Robert Dudley，Earl of Leicester）安排，开班讲课介绍哥白尼学说，因反对亚里士多德逍遥学派，兼用词奇特，遭到失败。反对他者以林肯学院院长安德希尔博士（Doctor John Underhill）为首。

▲访问意大利移民、国际法学者金蒂里斯（Albericus Gentilis，1552—1608）。后者两年前定居牛津，他的意见颇见重于伊丽莎白女王。

▲六月：回伦敦，寄寓于卡斯特尔诺宅。

▲《致牛津大学卓越的副校长，杰出的博士和著名院长函》（Epistola ad excellentissimum Oxoniensis academiae Procancellarium，clarrissimos doctoresatque celeberrimos magistros）出版，无出版地点和年代。

▲伦敦有相当多意大利流亡者，意大利文化受到英国知识界和贵族的敬重尊崇，英国各界对天主教国家来的避难者表示宽容，种种因素使得布鲁诺在这里很快结识许多朋友，得到同情和支持、保护：

锡特尼爵士，沃辛姆爵士，伯利勋爵（Lord Burghley），格雷维尔爵士（Sir Fulke Greville，1554—1628），罗利爵士（Sir Walter Raleigh），霍华德勋爵（Lord Howard of Effingham），格温尼（Matthew Gwynne，1558？—1627），吉尔伯特（William Gilbert，1540—1603），斯密爵士（Sir Thomas

Smith,1556—1609),哈里奥特(Thomas Hariot,1560—1621),萨克维尔爵士(Sir Thams Sackville,1536—1608),马修(Tobie Matthew,1546—1628),诗人但尼尔(Samuel Daniel,1562—1619),纽厄学院(New College)院长(1573—99)卡尔佩珀(Martin Culpeper),诗人查普曼(George Chapman,1559—1634),卡罗(Richard Carew,1555—1620),戴尔爵士(Sir Edward Dyer,? —1611),哈威(Gabriel Harvey,1550—1631)+,坦普尔(William Temple,1555—1627),医生佩迪爵士(Sir William Paddy),扬格(Bartholomew Young)等人。***

▲多次随卡斯特尔诺进宫,晋见英女王伊丽莎白,布鲁诺感谢女王对他的照顾,后来把他之赞赏女王宗教宽容政策直书于几部著作中。

▲《三十个记号的说明,附记号的记号等》(Explicatio triginta sigillorum etc. Quibus adjectus est Sigillus sigillorum etc/Exposition of Thirty Seals and Seal of Seals)出版于伦敦。作者以之献给卡斯特尔诺。

△布鲁诺的学生迪克森(Alexander Dicson/Dickson)的《论理性和判断的影子》(De Umbra rationis et iudicii/On the Shadow of Reason and Judgement)出版,作者是受到《理念的影子》启发而撰写此书的,他以之献给莱斯特伯爵。

●英国女王伊丽莎白一世(Elizabeth I,1533—1603)在位(1558/1603)。英国国王为英国教会最高元首(1559 年),大力推行加尔文教义(1566 年),虽遭到罗马教皇庇护五世驱逐出教(1570 年)而宗教国策不为之变。

* 科伯姆是职业外交官,先后驻安特卫普、布鲁塞尔、马德里,1579 年驻法,1583 年奉召回国。此信大概就是例行汇报内容。沃辛姆,辛格作 Thamas Walsingham(见第 24,第 389 页),这里据依默蒂(Arthur D. Imerti)《驱逐趾高气扬的野兽》(The Expulsion of the Triumphant Beast,324 页,美国新泽西州,1964 年;北京图书馆藏,见第 7,第 278 页)。沃辛姆是锡特尼的伯父,后成为布鲁诺友人、庇护人。

** 卡斯特尔诺是天主教徒,但在伊丽莎白宫廷颇受欢迎。他的一个孩子(早丧),其教母是伊丽莎白。他们夫妇(1575 年结婚)对于在家住宿的客人布鲁诺不参加他们的弥撒并不介意。

*** 格雷维尔是诗人,锡特尼的同学、知己。参看《英国人名辞典》(The dictionary of national biography,六六卷)8 : 602〔二二卷合订本〕,伦敦,中国科学院图书馆藏。查普曼是《伊利亚特》英译者(1598,部分,1611,全部)。哈威是哥白尼学说的拥护者,和坦普尔同为拉梅哲学辩护者。

+ 哈威看书习惯于写批语,布鲁诺与安德希尔辩论神学、哲学问题一事即见于哈威的藏书题识上(见辛格,第 34 页)。

⊙一五八四年·三六岁⊙

▲《圣灰星期三晚宴》(La cena de la ceneri/Ash Wednesday Supper) * 出版于伦敦。据说本书五篇对话记录圣灰星期三,二月七日、十四日、二十日(或二二日)作者和几位友人在格雷维和卡斯特尔诺家讨论哥白尼学说的情形。

▲《论原因、本原与太一》(De la causa, principio et uno/On Cause, Primer Origin and the One) ** 出版于伦敦。

▲《论无限宇宙和世界》(De l'infinito universo et mondi/On the Infinite Universe and Worlds) *** 出版于伦敦。

▲《驱逐趾高气扬的野兽》(Spaccio de la bestia trionfante/Expulsion of the Triumphant Beast) + 出版于伦敦。++

△友人、人文主义学者、外科医生、诗人萨姆布秋(John Sambucius)去世。后者曾向布鲁诺租阅卢克莱修《物性论》抄本。

△剑桥学者 G. P. 出版小册子反对迪克森,也即布鲁诺的记忆术。当时,有所谓迪克森学派,布鲁诺被看作这学派一员。

▲结识西班牙大使孟多查(Bernardino di Mendoza, 1578—84 在任)。

* 纳默(Emile Namer)法译本 le banquet des cendres(126 页,正文 63—103)巴黎,1965 年,中国科学院图书馆藏;埃米良诺夫(Я. Г. Емельянов)俄译本 Пир на Перле,收于布鲁诺《对话集》〔Джордано Бруно, Диалоги, 550 页,第 41—161 页〕莫斯科,1949 年。麦狄生把书名译为 The Communion of Ashes(第 48 页)。

** 又译:论原因、开始与那一个,见《理性的考验》278;……和统一,见曾少潜 222;……和同一,见郑文光 27;……和一,见《宗教词典》253。拉松(Adolf Lasson)德译本 Von der Ursache, dem Prinzip und dem Einen(152 页,正文 1—115)汉堡,1977 年,哲学研究所图书馆藏;门德(Georg Mende)德译本,173 页,正文 14—157,莱比锡,1955 年;泽利格尔(Paul Seliger)德译本,莱比锡,1909 年;林赛(Jack Lindsay)英译本 Cause, Principle and Unity(177 页,正文 47—150)纽约,1964 年,北京图书馆藏;格林伯格(Sidney Greenberg)英译本 Concerning the Cause, Principle, and One;收于所著《布鲁诺论无限性》(The Infinite in Giordano Bruno),纽约,1950 年;纳默法泽本 Cause, Principe et Unité(218 页,正文 29—218)巴黎,1930 年,北京大学图书馆藏;敦尼克(М. А. Дыник)俄译本 О Причине, начале и едином(收于所编《对话集》第 163—293 页)。

*** 又译:论无限性、宇宙和诸世界,见曾少潜 222;论无限性、宇宙和世界,见

《自然科学大事年表》26;谈无限的宇宙及世界,见《理性的考验》278。辛格英译本收于其《布鲁诺生平和思想》(225—378);鲁宾(А. И. Рубин)俄译本 О Бесконечность, вселенной и мирах(295—448),收于《对话集》。托兰德于1726年撰有《布鲁诺著作无限宇宙和无数世界简介》(Account of Jordan's Book of the Infinite Universe and Innumerable Worlds)收于其《文集》(A Collection of Several Pieces)。

+ 又译:胜利野兽的放逐,见《理性的考验》278。莫尔赫德(W. Morehead, 1637—1692)英译本于1713年由托兰德出版。莫是应柯林斯(Anthony Collins, 1676—1729)要求而译出献词供参考,正文三篇对话则未译。据说,托从柯藏书中发现后交书商佩特生(S. Paterson)印限定版五十部而已。依默蒂全译本(正文69—272)已见于1583年注。沃格尼(Valentin de Vougny)匿名法译本出版于1750年。泽利格尔(P. Seliger)德译本 Die Vertreibung der trium phierenden Bestie 出版于1904年。

++ 这四篇意大利文著作收于金蒂雷(Giovanni Gentile)和斯帕巴纳(V. Spampanato)合编的《布鲁诺意大利文集》(Opera italiane di Giordano Bruno,三卷〔第一、第二卷,金编;第三卷,斯编〕,巴里〔Bari〕1908年)第一卷第1—132页,第133—266页,第267—418页;第二卷第1—350页。也收于拉盖尔德(L. Lagarde)编的《布鲁诺意大利文集》(Le opere italiane di Giordano Bruno ristampate,两卷,格廷根,1888年)第一卷第113—197页,第199—290页,第291—400页,第二卷第403—457页。

⊙一五八五年·三七岁⊙

▲《飞马的秘密,附齐林尼克的驴子》(Cabala del cavallo Pegaseo, con L'aggiunta dell' asino cillenico) * 出版于伦敦。作者以之献给卡斯萨马奇主教(Bishop of Casa Marciano)而这位主教并无其人,有人认为实际指伊拉斯谟(Desiderius Erasmus, 1469—1536)。

▲《论高贵的热情》(Degli eroici furori/The Enthusiasms of the Noble) ** 出版于伦敦。作者以之献给锡特尼。+

▲年底:卡斯特尔诺奉召回国,布鲁诺随同离英去巴黎。

▲在巴黎,住熟人家,大多数日子则自己租房住,靠近康布雷学院(Collège de Cambrai)。

▲他在巴黎的熟人有达尔贝纳(Abbot Pierre Dalbène/Delbène of Belleville)科比内尔(Corbinelli)等。

▲打算出版 Arbor philosophorum,佚。可能这就是1609年出版的 Summa terminorum metaphysicorum 的第一稿。

▲读卢克莱修《物性论》,这部书他是一直随身携带的,而他也是深受此

书影响。

▲十二月：去圣维克托修道院藏书室，结识管理者孔旦(Guillaume Cotin)。*** 两人颇为相得，两三个月多次谈话，涉及布鲁诺早年生活、写作情况、手稿出版经过、学术界状况等等。

▲布鲁诺父亲仍健在。

* 又译：Pegasus 之马的天启，见《理性的考验》278。

** 米歇尔(Paul-Henri Michel)法译本 Des Fureurs Héroiques(巴黎，1954 年)；威廉(L. William)英译本 The Heroic Enthusiasts(1887 年)出版于伦敦。书名又译：论英雄激情，见《中国百科全书·外国文学》1：184。

*** 孔旦擅长写日记，存国家图书馆，1900 年由奥维拉格(L. Auvrag)整理出版。

\+ 这两篇意大利文著作收于金蒂雷等编的《文集》第二卷第 231—296，第 297—305 页，第 307—519 页，拉编的《文集》第二卷第 559—600 页，第 600—606 页，第 607—754 页。

⊙一五八六年·三八岁⊙

▲先后向两位耶稣会神父要求宽恕，以求缓和跟天主教会的关系，未成。

孟多查由驻英大使调任驻法，介绍他晋见教皇的使节(Papal Nuncio)贝加莫主教(Bishop of Bergamo)。主教认为他是背教者，表示难以开脱罪责。虽然他表示并不想再任神职，只求返回教会，请主教向新任教皇塞克斯都五世(Sixtus V，1585—90 在任)请示，主教以布鲁诺无意回教团而不予反映。

耶稣会神父斯帕诺洛(Alfonso Spagnolo)告诉他，只有蒙教皇宽恕，他重返教团，他才能参加弥撒或办神功。

▲《亚里士多德物理学说的图形》(Figuratio Aristotelici physici auditus/A Figure of the Aristotelian Physical Teaching)+ 出版。作者应用自己以图形构成的记忆体系注释亚里士多德自然哲学方面的八部著作(物理学、论天、论生灭、气象学、动物四篇等)，并以之献给达尔贝纳。

▲结识意大利萨勒诺的数学家摩登特(Fabricius Mordentius of Salerno)，后者发明八分仪(eight-pointed compass)，有数学成果。因不熟悉拉丁文，著作流传不广。

▲《论萨勒诺的摩登特的奇妙发明——测天器之妥善使用法两篇对话》

(Dialogi duo de Fabricii Mordentis Salerntani prope divina ad inventione ad perfectam cosmimetriae praxim/ Concerning the Almost Divine Invention by Fabrizio Mordente of Salerno for the Perfect Practice of Cosmic Measurement)附以《梦》(Insomnium)+出版，既介绍摩的数学理论，赞扬摩，又借梦以图形介绍天体运动。

▲五、六月(圣灵降临节[Pentecost])：参加大学内皇厅(Royal Hall)里的宗教问题辩难。

▲和弟子埃纳奎安(John Hennequin)* 准备批判逍遥学派哲学，即中世纪所阉割的亚里士多德物理学，撰写《关于自然和世界的一百二十道论题》(Centum et viginti articuli de natura et mundo, adversus peripateticos per Joh. Hennequinum propositi)，以便在辩难时，由埃出面对付卡立埃(Raoul Callier/Rudolphus Calerius)。**

▲亚里士多德派声势浩大，教会和学校当局偏袒，布鲁诺本应继埃纳奎安出场，不想自讨没趣，终于退出。

▲《论题》(One Hundred and Twenty Articles on Nature and the World)出版于巴黎，作者以之献给亨利三世，献给巴黎大学校长菲勒萨(Jean Filesac, 1550? —1638)。

▲六月：自知巴黎天主教势力占上风，学校里经院哲学亚里士多德学说轻易动摇不了，终于离开住了八九个月的法国，前往天主教和基督教新教仍难解难分的德国。

▲行程：美因茨、威斯巴登、马尔堡(六月)、维滕贝格(八月)。

▲向马尔堡大学这家新教学校提出讲课申请。校长、法律博士、道德哲学教授尼基德(Petrus Nigidius，七月一日当选校长)。在同事支持下，径直拒绝申请，布鲁诺愤然退出校长家。

▲八月：经金蒂里斯(此时已在此任教)介绍，在萨克逊公国的维滕贝格大学(校址在哈勒)讲授亚里士多德《工具篇》。

△特勒肖《物性论》后半部出版。

●二月：萨克逊公国选帝侯奥古斯都(Augustus, 1526—86, 1553/86 在位)去世，克里斯提安一世(Christian I)继位，转而扶持加尔文派，原先占上风的路德派则逐渐失势。***

* 埃看来是阿图瓦(Artois)的贵族,法律博士。

** 据说年轻的卡得到他的亲戚,普瓦图的丰特内(Fontenay)地方的雷平(Nicolas Rapin)协助;雷平早就以尖刻反对胡格诺派而声名狼藉,晚年回顾卡埃辩论这段往事他还洋洋得意,认为他阻挡了无神论泛滥。布鲁诺这次是给卡弄得哑口无言,允诺第二天出场答辩这才逃脱窘境的。参看辛格 138,桑戴克 6:423—4。

*** 克里斯提安一世受姐夫卡斯米尔(John Casmir,帕拉丁公国统治者)的影响,改宗加尔文派,并由校长克里尔(Krell)协助建立加尔文派的优势,只是,十年后,克里尔自己也因故被捕处死。参看麦金太尔 53。

+ 这两篇拉丁文著作收于《布鲁诺拉丁文集》第一卷第四册编为第二、第三篇。

⊙一五八七年·三九岁⊙

▲六月:《卢里组合的火炬》(De lampade combinatoria Raymundi Lulliana/On the Synthetic Lullian Lamp)+出版于维滕贝格。作者以之献给院长(Rector)*和大学评议会。

▲论述亚里士多德正位篇的《逻辑学的进展和初步探索》(De progressu et lampade venatoria logicorum/ Of the Advance and Enlightening Hunt for Logic)+出版于维滕贝格。作者献给校长(Chancellor)米里(George Mylius,1544—1607)**。

▲《总括论题的技术》(Artificium perorandi traditum a Jordano Bruno/The Art of Peroration)+于 1612 年由他的弟子阿尔斯德特(John Henry Alstedt)出版于维滕贝格。本书副题是:布鲁诺修辞学导论。内容是作者阐释伪亚里士多德给亚历山大论修辞学的信。整个儿是阿尔斯德特的听讲笔记。

▲与教神学的哲学教授格林(Grün)十分相得。

▲抓紧时间研究伊里吉那(Eriugena)库萨的尼古拉、巴拉塞尔士(Paracelsus)的著作以及阿格里帕(Cornelius Agrippa)所注释的卢里文集。

* 院长是尼维蒙特(Petrus Albinus Nivemontius),历史家,当时是奥古斯都和克里斯提安在德累斯顿的秘书。

** 米里是路德派神学家。1579 年任奥格斯堡福音神学院院长。后因反对格里高里新历,赋闲于乌尔姆。1584 年到维滕贝格任神学教授。布鲁诺离开维滕贝格后不久,他就转到耶那。1603 年才重返。

+ 这三篇拉丁文著作收于《布鲁诺拉丁文集》第二卷第二册第 227 页,第二卷第三册第 1—84,第 327—404 页。

⊙一五八八年·四十岁⊙

▲三月:在学校发表《告别演说》(O'ratio valediction ad…profersores,atque auditores in Academia Witebergensi/Valedictory address)+,赞扬路德派。

▲《论题》予以增补,并附几封信,题名 Camoeracensis acrotismus * ,seu rationes articulorum physicorum adversus peripateticos Parisiis propositiorum+ 出版于维滕贝格。

▲三月:从维滕贝格到布拉格。

▲重见摩登特,他在宫廷任御前天文家。

▲结识西班牙国王驻宫廷使节圣·克莱门(William San Clement)。

▲《卢里范畴研究,附卢里组合的火炬》(De specierum scrutinio ct lampade combinatoria Raymundi Lulli /A Scruting of the Lullian Categories) ** 出版于布拉格。作者以这部论述记忆术著作献给大使,献辞署六月十日。+

▲《几何学原理和要素,包括反对当代数学家、哲学家的一百六十条论纲,附一百八十道练习,即解决一百八十问题之捷径》(Articuli centum et sexaginta adversus huius tempestatis mathematicos atque philosophos/Principles and Elements of Geometery)+ 出版于维滕贝格,作者把这部介绍摩登特数学的著作献给卢道夫皇帝,得赐银三百塔尔(talari/thal)。

▲撰释亚里士多德《物理学》。

△在秘书协助下,撰写小册子《论卢里医术》(Medicina Lulliana/On Lullian Medicine)+ 。

▲秋季:向西北方,前往不仑瑞克的赫尔姆施泰特(Helmstedt)。

△十一月二日:特勒肖逝世,《物性论》被列入《禁书目录》。

●奥地利哈布斯王室卢道夫二世(Rudolf II,1552—1612,1576 登基)在位 *** 。

* 《论题》是在巴黎大学康布雷学院(Collège de Cambrai)进行的,内容是反对巴黎的逍遥学派,形容词 Camoeracensis 指此,至于 acrotismus,据说可能沿用亚里士多德学派惯用的术语ἀκρόασις 或ἀχρότη,指辩论题目是亚里士多德学派物理学最重要问题。参看米舍尔(Paul Henri Michel)《布鲁诺的宇宙论》(La cosmologie de Giordano Bruno),1962 年,巴黎,麦狄生(R. E. W. Maddison)英译本(The Cosmology of Giordano Bruno,

伦敦,1973 年,哲学研究所图书馆藏)第 55 页。

** 又译:属的研究和雷·鲁路斯的艺术的火炬,见黑格尔《哲学史讲演录》3:359。

*** 麦金太尔认为卢道夫登基前夕,锡特尼代表伊丽莎白吊唁马克西米连皇帝之丧时,大概向皇帝提到布鲁诺(第 59 页)。实际上,布鲁诺当时啧啧无闻,不见经传,恐怕很难受到锡特尼注意以至谈到他。布鲁诺在宫廷受到欢迎,看来还在于投合了皇帝对神秘主义、炼丹术、天文星相之类的流行爱好。后来,帝谷(Tycho Brache,1546—1601)从丹麦到这里避难,受到庇护,道理是一样的。

+ 这五篇拉丁文著作收于《布鲁诺拉丁文集》第一卷第一册第一篇(1—25)第三篇(53—190),第二卷第二册第 329—356 页,第一卷第三册第一篇(1—118),第三卷第 570—633 页。

⊙一五八九年·四一岁⊙

▲一月:向坐落于赫尔姆施泰特的不仑瑞克大学要求工作。不仑瑞克的朱里(Heinrich Julius, Herzog von Braunschweig, 1528—89, 五月去世)于 1568 年继承爵位,一反前任的天主教政策而于 1576 年开办这座学院(Julia Academy)。

▲七月:出席学校为公爵举行的追悼仪式,致悼词(Oratio consolatorio/Consolatory Oration)+,悼词当即出版。布鲁诺把自己在这里得到的保护和研究条件和西班牙、意大利统治下窒息的生活做了对比,表露对祖国的眷念。

▲十月:向校长(Pro-Rector)霍夫曼(Daniel Hoffmann)申诉主牧师(the Chief Pastor)教堂监督鲍爱修(Boethius/Gisbert Voët)* 把他开除教籍为不公正裁决,无下文。

▲结识布里坦诺(Jacob Britano/John Brictanus de Antwerpia/Bertano)。这位安特卫普人,是威尼斯书商,他是在作法兰克福之游时结识的。后来在苏黎世、威尼斯屡次见面。

△冬季:雇秘书,纽伦堡的贝斯勒尔(Jerome Heman Besler,1566—1632)**,两个月。后者是十一月来升学的。后来成了布鲁诺的学生。

* 申诉书见于大学档案,现藏沃芬布特尔(Wolfenbüttel)图书馆。辛格认为材料不足信,因为布鲁诺并未参加新教,无从开除,况且申诉也无下文(第 146 页)。辛格作 Boethius,米舍尔作 Gisbert Voët,职务是宗教法庭主牧师(第 17 页)。

** 贝后来学医,1592 年毕业于巴塞尔(Basle),然后返乡行医。他的父亲是西里西亚(波兰)的斯普罗托(Sprotlou)地方第一个新教牧师。看来,布鲁诺在德国这一带，新旧教争夺地盘的斗争十分剧烈，新教的路德、卡尔文两派相互排挤，毫不妥协，面对这种复杂交错情况，他交友用人都还是谨慎的。

贝给叔父的信（1590年四月十五日、二十二日）提到布鲁诺的活动和著述情况，是珍贵的史料，存于埃尔兰根图书馆。

＋　这篇拉丁文著作收于《布鲁诺拉丁文集》第一卷第一册第二篇（27—52）。

⊙一五九〇年・四二岁⊙

▲接受年轻公爵的赠款八十斯古蒂（scudi）。

▲和贝斯勒尔前往西南方向，不远的沃芬布特尔，向亲王领取皇帝的津贴五十弗罗林（florin）。

▲三月：口授《论事物的本原、要素和原因》（De rerum principiis et elementis et causis/On the Origin，Elements and Causes of Things）＋。

▲四月：贝斯勒尔誊抄《三千个雕像的明星》（Lampas Triginta Statuarum）＋。这部稿布鲁诺开写于维滕贝格。贝斯勒尔抄毕于1591年秋季，在帕多瓦。

▲口授《论魔术》（De magia/On Magic）《魔术论文》（Theses de magia/Theses on Magic）＋。

▲编特里德缪（Tritemius）、阿格里巴（Agrippa）、阿巴诺（Pietro Di Abano）、伪阿尔伯特（Pseudo Albertus Magnus）等关于魔术论述辑录集《论数学魔术》（De magia mathematica/On Mathematical Magic）＋。

▲有意到东边的易北河的马格德堡（Magdebury）求援于芝勒森（Zeileisen），争取出版几部著作以引起亲王的重视，但未积极进行。

▲六月：向法兰克福议会提出要求定居。

▲在法兰克福找上出版商威雪尔（John Wechel）和费舍尔（Petrus Fischer），前者是锡特尼（已于四年前去世）的熟人，他本要投宿于威家，当地议会竟不予批准。

▲经威雪尔介绍，投宿于加尔默罗会修道院（Carmelite Monastery）。

▲在小范围内，向一些同情宗教改革运动的学者发表讲演。

▲九月：在书市上结识书商西奥提（Johannes Baptistus Ciotti）。在后者逗留于法兰克福的两周内，攀谈多次，西奥提了解到布鲁诺博洽多闻，广涉群书又笔头勤快，著述颇富。

△帕特里茨(Francesco Patrizzi,1529—97)* 向教皇格列高里十四世(Gregory XIV,1590—91)要求禁止大学研究亚里士多德,而鼓励柏拉图主义,因为后者符合天主教信仰。

+ 这四篇著作,收于《布鲁诺拉丁文集》第三卷第 509—567 页,第 3—238 页,第 396—454 页,第 455—506 页。

* 他反对特勒肖的唯物主义感觉论观点,他给特勒肖的信,今存。

⊙一五九一年·四三岁⊙

▲一月:离开美茵河上的法兰克福(月底),向南,前往莱茵河上游苏黎世逗留数周。

▲《论至小的三个方面和度量》(De triplici minimo et mensura ad trium speculativarum scientiarum et multarum activarum artium principia libri V. / Five Books on the Threefolk Minimum and on Mensuration for the Foundation of the Three Speculative Sciences and Many Active Arts)+ 由威雪尔撰序(署二月十三日)出版于法兰克福。作者接受威雪尔的建议,将此书献给不仑瑞克公爵、哈尔伯施塔特(Halberstadt)城牧师朱里(Henrich Julius,1564—1630)。

▲在苏黎世,结识瑞士青年海因斯(John Henry Heinz)伊格林(Reffaele Eglin/Raffaele Eglinus Iconius,1559—1628)*,后者成了他的追随者。

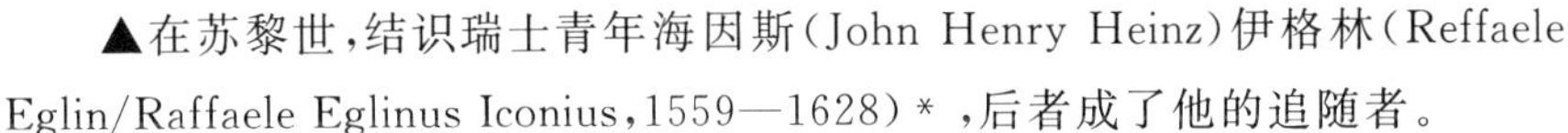

▲为海因斯写《论图像、符号和观念的组合,以用于种种发明、配置和回忆》(De imaginum signorum et idearum compositione. Ad omnia inventionum dispositionum et memoriae genera libri tres/ On the composition of Images, Signs, and Ideas for all sorts of Discoveries, Dispositions and Recollections)++ 三卷由威雪尔和费舍尔出版于法兰克福。

▲三月:北返法兰克福,处理出版事宜,约六个月。

▲三月(复活节):书商西奥提交来威尼斯贵族莫钦尼柯(Zuane [Giovanni] Mocenigo)的信。莫读到卢里的著作,从西奥提处知道布鲁诺研究卢里,函邀布鲁诺前去教他记忆术、发明术。

▲离开法兰克福前,校读《论单子、数和形》(De monade, numero et figura liber consequens quinque de minimo et mensura/On the Monad, on Number and Form in One Book, being a Sequel to the Five Books on the Great Minimum and on Measurement)＋出版于法兰克福。

▲《论不可度量和不可数者》(De innumerabilibus immenso et infigurabili; seu de universo et mundis libri octo/On the Innumerable, the Immense, the Formless; On the Universe and the Worlds)＋八卷。这是他亲自出版的最后最大的著作。作者以之献给朱里公爵，亲自撰写“献辞和题解”。

▲九、十月：南下，进入意大利东北部威尼斯城，不久，去帕多瓦，大约三个月。

▲在帕多瓦，写《论连环》(De vinculis in genere/On Links in General)论述精神、自然、动物和神的联系。

* 伊格林在日内瓦受教于贝兹门下两年。伊见到布鲁诺之前，在苏黎世主座教堂(Zurich Cathedral)学校担任新约圣经教授，匿名出版炼金术著作。

＋ 这三部拉丁诗，通常简称 De minimo, De monade, De immenso。第一部赶上法兰克福春季书市，后两部应秋季书市。收于《布鲁诺拉丁文集》第一卷第三册第二篇(第123—361页)，第一卷第二册第二篇(第323—484页)，第三部的八卷则前三卷收于第一卷第一册第四篇(第201—398页)，后五卷收于第二册第一篇(第1—323页)。

＋＋ 这部著作收于《布鲁诺拉丁文集》第二卷第三册第85—322页。

⊙一五九二年·四四岁⊙

△一月：意大利波洛尼亚(Bologna)的人文主义学者哈弗肯塔尔(Valens Havekenthal/Valens Acidalius, 1567—95)致函帕多瓦的匈牙利友人福尔盖兹(Michael Forgacz/Forgach)查询所传有个布鲁诺被捕事。三月再次查询。

▲在帕多瓦做讲演。

▲三月：离开帕多瓦，前往威尼斯。

▲到西奥提的书店购书数次。

▲搬进莫钦尼柯家住，传授记忆术。

▲向莫钦尼柯表示需要去法兰克福办理两部著作的出版事宜。

▲被捕经过：

莫钦尼柯向圣所(Holy Office)告发布鲁诺是异端，要逃出威尼斯(五月二十三日)。

布鲁诺搬出莫钦尼柯寓所(星期四)。

莫钦尼柯带着仆人和五六个随从(布鲁诺认出是附近船夫)闯进布鲁诺宿处抓人,把他关进顶楼。随即转移到地窖,然后交给威尼斯宗教法庭差人。

▲五月二十六日:第一次受审,被迫交代生平。

●五至七月:宗教法庭对布鲁诺的著作进行审查,同时讯问他。教皇使节塔伯纳(Ludovico Taberna)、威尼斯主教普里乌里(Lerenzo Priuli)、法庭神父格布里利(John Gabrielli of Saluzzo)政府代表(Savii all' Eresia)三名,等等参加审讯。*

●五月三十一日:法庭传讯那不勒斯修道士诺柯拉(Fra Domenico da Nocera);后来,并传讯威尼斯书商西奥提、布里坦诺、摩罗西尼(Andrea Morosini/Mauroceno,1557—1618)等人。

●九月:罗马最高宗教法庭庭长、红衣主教圣塔斯维里那(Santaseverina)向威尼斯圣所提出要引渡布鲁诺。

●威尼斯本与罗马闹独立,双方有一定矛盾,因而引渡一事稍有宕延,威尼斯方面最后在罗马压力下同意把布鲁诺移交。

●多明我修道会会长马利亚(Hippolyte Maria),贝拉米尼(Robert Bellarmini,1542—1621,),红衣主教马德鲁西(Cardinal Madruzzi)、圣塞维林(San Severin)等等纷纷前来劝诱布鲁诺承认所谓异端罪,什么反对三位一体说,反对无垢分娩说,以至赞扬异端英女王伊丽莎白、法王亨利三世、那伐亲王亨利等等。*

●教皇克雷芒八世(Clement VIII,1592—1605)在位。

* 普里乌里于布鲁诺第一次访问巴黎(1589)时任驻法大使。贝拉米尼是神学家,他肯定哥白尼是异端,参与伽利略案(早期),还插手威尼斯历史学家萨尔比(Fra Paolo Sarpi,1552—1623)案。

⊙一五九三年·四五岁⊙

▲三月:被解往罗马监狱。

▲十二月:受到宗教法庭审问。

⊙一五九四年·四六岁⊙

▲接连受审讯的折磨(四月、五月、十二月)。

△秋季：伊格林和年轻的腓得烈(Frederick à Sales)讨论布鲁诺的著作，介绍1591年在苏黎世所聆听到的讲演内容。

▲十二月：提出书面辩护。

⊙一五九五年·四七岁⊙

●一月：宗教法庭两次会审布鲁诺。

●二月：布鲁诺异端案提交圣修会(Holy Congregation)。

▲三月：受到红衣主教们审问。

△伊林格的《概述形而上学用语，供理解逻辑、研究哲学用，选自布鲁诺论存在的阶梯手稿》(Summa terminorum metaphysicorum ad capessandum logicae et philosophiae studium / Survey of Metaphysical Terms for the Understanding of Logic and the Study of Philosophy Excerpted from the Manuscript of Jordanus Brunus the Nolan, on the Scale of Being)内容是对亚里士多德《形而上学》第五卷的阐释。

⊙一五九六年·四八岁⊙

▲受到红衣主教审问。

▲十二月：对无端受控、监狱恶劣的饮食提出抗议，特别指出指控是断章取义、深文周纳。

△波丹死。

⊙一五九七年·四九岁⊙

▲三月：再度受审讯。

▲十二月：又一次受审讯；对所谓征询意见、聆听要求，再次提出要求改善恶劣环境条件，抗议无理扣押、审讯。

⊙一五九八年·五十岁⊙

●法王亨利四世(Henri IV，1553—1610，1589年登基，原那伐亲王亨利)颁布南特宗教宽容法令。

⊙一五九九年·五一岁⊙

●一月十四日:法庭向他宣布所谓八大罪状:不承认上帝的三个"位格"(person)圣父、圣子、圣灵是在本性和实体上毫无差异;不承认道成肉身(Incarnation of the Word);不承认圣灵(Holy Spirit)的本性;不承认基督的神性;主张自然界的必然性、永恒性、无限性,以及灵魂的轮回。至于颂扬异端世俗君主则不在话下。

▲得到八天时间考虑自己所谓罪状。

●三月:据说,宗教法庭有二十一"犯人",一般关押数日、数月,匆匆审讯,草率判案。对于布鲁诺则采取长时间监禁,多次审讯。既暴露法庭险恶用心,又反映案件使他们感到棘手。

△康帕内拉被捕。

⊙一六〇〇年·五二岁⊙

△教廷伯爵、圣彼得骑士朔普(Gaspar Schopp of Breslau,1576—1649)致函友人基特尔施豪森(Conrad Kittershauen)* 介绍有关布鲁诺案件情况,提到布鲁诺被强迫跪下,剥掉道袍,押往世俗法庭(二月八日),以便让他受到"尽可能宽厚又不流血的惩罚",拯救其灵魂。

朔普郑重提到,面对这一切,布鲁诺庄严宣告:"你们宣判我,我听判决书。看来,你们不如我,你们胆怯。"**

●二月十六日:两位多明我修会神父,两位耶稣会神父,两位新教堂(new church)牧师,一位圣哲罗姆教堂神父,再次宣布布鲁诺所谓错误。

▲布鲁诺坚持自己的正确观点,拒绝承认所谓错误。

▲二月十九日(星期六):在罗马花卉广场(Campo di Fiori)*** 受到火刑处死,点火仪式开始,仪仗队向他显示耶稣受难十字架像,他转过脸,以轻蔑的态度移开目光。布鲁诺的骨灰随风飘散,他宣布过,他的灵魂会随焰火轻烟上升,进入天国。

* 又译:西奥披乌(Scioppius,拉丁名),见黑格尔《哲学史讲演录》3:348、388;辛格 179,192。

** 此句原文未见,译文无一相同,见辛格 179,林赛 12,依默蒂 64,麦金太尔 94。

中译也如此，见《世界通史》4∶186。

*** 又译：百花广场（Площадь цветов），见《世界通史》4∶186；繁花广场（the Square of the Flowers），见郑文光：布鲁诺，收于《中国百科全书·天文学》第27页，1981年；鲜花广场（Champ de Flore），见李德滨《成功的秘诀》第24页，中国青年出版社，1980年。另，广场图，见《人民画报》1983年一月号第42页。

⊙十七世纪⊙

1603年：布鲁诺著作被列入《禁书目录》（八月七日）。

1614年：《论单子、数和形》由费舍尔（Jacob Fisher）再版于法兰克福。

1621年：布鲁诺被害的目击者所记录下经过情形的珍贵文献——朔普信札部分发表于萨拉戈萨（Sarogossa）。* 朔普早在十年前就在一部著作中赞扬布鲁诺之壮烈牺牲。

* 萨尔维特里尼（Virgilio Salvestrini）考证实际出版于因戈尔施塔特（Ingolstadt），见辛格179，麦金太尔94。

⊙十八世纪⊙

1707年：朔普信札原件发现于布雷斯劳图书馆。施特鲁韦（B. G. Struve）发表于耶那《文学报》（Acta litteraria）。后，拉·罗舍（M. de La Roche）英译，收于《文学回忆》（Memoirs of Literature），伦敦，1722年。

1713年：《驱逐趾高气扬的野兽》献词由莫尔赫德英译，托兰德经手，出版于伦敦。

1726年：《论无限宇宙和无数世界》托兰德为之撰写提要，并将提要和所译朔普信札收于《文集》出版于伦敦。

1750年：《驱逐趾高气扬的野兽》法译本匿名出版。

⊙十九世纪⊙

1802年：德国哲学家谢林（Schelling，1775—1854）的《布鲁诺，或论事物的神圣原则和自然原则》（Bruno oder über das göttliche und natürliche Prinzip der Dinge）发表。

1819—26年：布鲁诺的肖像由梅叶（C. Meyer）于巴黎刻版，发表于里克纳和西伯(T. A. Rixner und T. Siber)的著作中。他是从慕尼黑某收藏家所藏一幅旧刻临摹刻绘的。那旧刻也许见于布鲁诺某书卷首。

1844 年:德国历史学家朗克(Leopold Renke,1795—1886)公布威尼斯档案材料,即罗马红衣主教圣塔斯维里那向威尼斯宗教法庭要求引渡布鲁诺的信。

1868 年:伯蒂(Domenico Berti)整理发表罗马共和国(1849 年二至七月)时期从梵蒂冈内部档案所发现有关威尼斯宗教法庭材料,虽限于马志尼、加里波第所领导的意大利民族解放运动遭到挫折,仓促间,只来得及翻阅从 1600 年二月回溯至 1598 年十一月这一段,而长期以来,天主教会否认与布鲁诺案有牵连(岂止牵连!),否认朔普信札真实性,经此内档材料公开发表,罗马教廷在这案件上的狰狞面目,多半险恶用心暴露无遗 * ,宗教法庭的历史罪恶累累欲盖弥彰,而无神论战士的英勇气概更激励人们。

1889 年:世界各地三万余人捐款支持所修建布鲁诺塑像在罗马花卉广场火刑堆原址揭幕。

* 实际上,二十世纪以来,麦加蒂(Angelo Mercati)于四十年代初的揭露就说明有关诉讼的历史档案材料仍有待深入挖掘,至于为布鲁诺研究所必需而散处各地的材料的广泛系统整理,六十年代伦敦材料的发现说明学术界国际协作尚须大力进行,凡此种种不再一一。

◀著作集出版情况▶

▲《乔尔丹诺·布鲁诺意大利文集》(Opere italiane di Giordano Bruno),金蒂雷(Giovanni Gentile)、斯帕巴纳(Vincenzo Spampanato)合编,巴里(Bari)版,1925—27 年,三卷:第一卷,形而上学对话(Dialoghi metafisici),金蒂雷注。㊀圣灰星期三晚宴,伦敦,1584;㊁论原因、本原与太一,威尼斯(伪托,实出版于伦敦),1584;㊂论无限性、宇宙和无数世界,威尼斯(伪托,实出版于伦敦),1584。第二卷,伦理对话(Dialoghi morali),金蒂雷注。㊀驱逐趾高气扬的野兽,巴黎,1584;㊁飞马的秘密,附齐林尼克的驴子,巴黎,1585;㊂论高贵的热情,巴黎,1585。第三卷,执火炬者,斯帕巴纳序、编、注。

▲《乔尔丹诺·布鲁诺意大利文集》(Le opere italiane di Giordano Bruno ristampate),拉盖德(Paul de Lagarde)编,格廷根版,1888 年,两卷:第一卷,

㈠执火炬者，㈡圣灰星期三晚宴，㈢论原因、本原与太一，㈣论无限性宇宙和无数世界；第二卷，㈤驱逐趾高气扬的野兽，㈥飞马的秘密，附齐林尼克的驴子，㈦论高贵的热情。

▲《诺拉人乔尔丹诺·布鲁诺拉丁文集》(Jordani Bruni Nolani, Opera Latine conscripta, publicis sumptibus edita)，那不勒斯、佛罗棱斯版，1879—91年，三卷八册：第一卷第一册，斐奥仑蒂(F. Fiorentino)编，1879，那不勒斯；第二册，前者编，1884，那不勒斯，第三、第四册，托索(F. Tocco)、维德里(H. Viteli)合编，1899，佛罗棱斯；第二卷第一册，扬姆布里安(V. Imbriana [Umbriani])、塔拉里戈(C. M. Tallarigo)合编，1886，那不勒斯，第二册，前者编，佛罗棱斯，1890，第三册，前者编，佛罗棱斯，1889；第三卷，前者编，佛罗棱斯，1891，哲学研究所图书馆藏。

△德译《布鲁诺全集》(Gesammeete Werke)，库伦贝克(Ludwig Kuhlenbeck)译，六卷：第一、第二卷，莱比锡、柏林，1904，第三至第六卷，耶那，莱比锡，1904—1909。

△俄译《布鲁诺：意大利文对话集》(Джордано Бруно, ДИАЛОГИ, перевод с итальянского)，敦尼克(М. А. Дыник)编并序，㈠圣灰星期三晚宴(Пир на пепле)，㈡论原因、本原与太一(О причине, начале и едином)，㈢论无限性、宇宙和无数世界(О Бесконечности, вселенной и мирах)㈣飞马的秘密，附齐林尼克的驴子(Тайна пегаса, с припожением Килленского осла)，莫斯科，1949年。北京图书馆藏。

图书在版编目(CIP)数据

论原因、本原与太一/(意)布鲁诺著;汤侠声译.—北京:商务印书馆,2017
(汉译世界学术名著丛书:120 年纪念版:珍藏本)
ISBN 978-7-100-14710-1

Ⅰ.①论… Ⅱ.①布… ②汤… Ⅲ.①布鲁诺(Bruno, Giordano 1548-1600)—哲学思想 Ⅳ.①B503.923

中国版本图书馆 CIP 数据核字(2017)第 159814 号

汉译世界学术名著丛书
(120 年纪念版·珍藏本)
论原因、本原与太一
〔意〕布鲁诺 著
汤侠声 译

商 务 印 书 馆 出 版
(北京王府井大街 36 号 邮政编码 100710)
商 务 印 书 馆 发 行
北 京 冠 中 印 刷 厂 印 刷
ISBN 978-7-100-14710-1

2017 年 12 月第 1 版　　开本 710×1000 1/16
2017 年 12 月北京第 1 次印刷　　印张 14
定价:70.00 元